ITMC

基于ITMC企业
经营管理沙盘训练

主　编　谢雪峰
副主编　王玉梅　鲍建峰
吴海洋　尹爱花

江苏大学出版社
JIANGSU UNIVERSITY PRESS
镇　江

图书在版编目(CIP)数据

基于 ITMC 企业经营管理沙盘训练 / 谢雪峰主编. —
镇江 ：江苏大学出版社，2017.7(2021.7 重印)
ISBN 978-7-5684-0548-5

Ⅰ. ①基… Ⅱ. ①谢… Ⅲ. ①企业经营管理－计算机
管理系统Ⅳ. ①F270.7

中国版本图书馆 CIP 数据核字(2017)第 183571 号

基于 ITMC 企业经营管理沙盘训练
Jiyu ITMC Qiye Jingying Guanli Shapan Xunlian

主　　编/谢雪峰
责任编辑/徐　婷
出版发行/江苏大学出版社
地　　址/江苏省镇江市梦溪园巷 30 号(邮编：212003)
电　　话/0511-84446464(传真)
网　　址/http://press.ujs.edu.cn
印　　刷/广东虎彩云印刷有限公司
开　　本/718 mm×1 000mm　1/16
印　　张/12.5
字　　数/234 千字
版　　次/2017 年 7 月第 1 版
印　　次/2021 年 7 月第 7 次印刷
书　　号/ISBN 978-7-5684-0548-5
定　　价/35.00 元

如有印装质量问题请与本社营销部联系(电话:0511-84440882)

前　言

“基于 ITMC 企业经营管理沙盘训练”是工商管理类专业的通用实践课，它来源于工商管理的相关工作岗位群的生产控制、市场调查与分析等典型工作任务；依据工学结合、过程导向、学生主体、能力本位等课程建设理念，以企业竞争规则的学习、起始年工作、每年的工作等为主要学习任务，并遵循学生的认知规律和职业成长规律，设计学习情境，序化学习任务，按照任务驱动的教学模式，让学生在做中学、学中做。

本书是以中教畅享（北京）科技有限公司的企业经营管理沙盘模拟系统为基础进行企业模拟生产和销售的讲解。本书共分为三部分。第一部分对经营规则进行解析，主要包括任务一～任务六。熟悉沙盘的经营规则是企业经营者合理制定经营策略的基础，也是经营者创新经营方案的基础。第二部分是沙盘操作部分，主要包括任务七～任务十二。包括企业在第 0－6 年每年操作的具体注意点，第 0－6 年的要求各不相同，对经营者的要求逐步提高，从一开始基本的产能计算到竞争对手的分析，再到经营环境分析和财务报表分析。通过分析经营环境及企业财务报表，掌握企业在经营过程中所需关注的关键信息，并据此判断市场竞争格局及本企业的竞争地位，为进一步制定经营策略提供依据。最后介绍了常见的产品组合策略。第三部分是评价部分，即任务十三，主要从经营者的角度进行分析，并组织大家进行分析总结。尽管软件给出了得分，但是结合企业经营的实际情况，进一步引入了相关的评价标准，这些标准有利于企业的持续发展。

《基于 ITMC 企业经营管理沙盘训练》可用于高职高专院校企业模拟经营管理类课程学习与教学，也可作为企业经营管理沙盘技能大赛参考用书。

本书由苏州信息职业技术学院谢雪峰主编，徐州工业职业技术学院王玉梅、淄博职业学院鲍建峰、常州纺织服装职业技术学院吴海洋、东营科技职业技术学院尹爱花参与编写，全书由谢雪峰统稿。

江苏大学出版社对本书的出版做了大量有益的工作，在此表示衷心的感谢。中教畅享（北京）科技有限公司的技术人员在本书的编写过程中也提出了相关建议，对他们的付出表示感谢。本书在编写过程中，还参阅了大量的文献资料，引用了许多图表，在此对有关文献资料的作者一并表示衷心的感谢。

限于编者水平，疏漏谬误之处在所难免，恳请同行和读者不吝指正。

本书配有相应的课程介绍（PPT 版）、课程标准、授课计划、教学设计（教案）、教学课件、授课安排表、实训（实验）报告模板、市场需求产品情况统计表，以及为方便企业经营而制作的各种表格等资源，读者可以登录网站（http://press. ujs. edu. cn ）下载。

编　者

2017 年 6 月

目　　录

第一部分　基础部分

第二部分　操作部分

第三部分　评价部分

第一部分

基础部分

任务一　沙盘的组织准备工作

能力(技能)目标

1. 能够登录电子沙盘盘面,并进行密码的更改。

2. 能够完成小组各成员的角色扮演分工,并能协调各成员之间的关系,提高沟通和表达能力。

3. 能够初步了解沙盘经营过程中各角色的具体任务。

知识目标

1. 能描述企业经营管理沙盘训练的意义。

2. 了解企业主要角色的相关工作。

情景简介

本沙盘模拟的企业是一个典型的制造型企业,创建已有三年,长期以来一直专注于某行业 P 系列产品的生产与经营。目前企业拥有自主厂房——A 厂房,其中安装了 3 条手工生产线和 1 条半自动生产线,运行状态良好。所有生产设备全部生产 P1 产品,几年来一直只在本地市场进行销售,有一定知名度,客户也很满意。

现在小组接手该企业,如何明确小组各成员的职责,并进行企业的登录?

任务分解

1. 了解实训的目的和操作的意义。

2. 了解相关角色的任务。

3. 学生分组和角色的扮演。

任务要求

能够明确实训对学生各种能力的培养,同时能够在了解各角色任务的基础上进行角色的扮演,登录各企业沙盘系统,并修改密码。

建议教学方法

教师讲授、示范;学生分组学习;学生模拟经营沙盘并进行相应的操作。

建议课时

0.5 学时。

一、实训目的及内容

开设企业经营管理沙盘实训主要希望学生:了解模拟企业经营运作的主要内容,能够初步分析市场需求,掌握企业经营管理操作的能力;能够简单分析企业经营管理沙盘运作的宏观环境,对现代企业经营发展有一定的预测判断能力;能够根据市场需求的变化和企业竞争环境的变化对企业做出相应的调整;最终能够较熟练地进行企业利润表和资产负债表的计算,并对模拟企业的管理做出适当的操作。

要达成这样的目标,就要求学生在学习的时候了解企业的基本状态,并熟悉企业的初始状态设定;在掌握企业竞争规则的基础上,熟练完成企业的各项工作,最终实现企业的盈利。

通过这些内容的学习,能提高学生的沟通能力、团队协作精神及职业道德素养,培养学生主动探究、大胆实践、尊重事实的学风,增强学生的抗压能力,使其具备辩证的思维能力、创新意识和创新精神及5S职业工作素养。

二、实训步骤

(一) 介绍ITMC企业经营管理沙盘

提到“沙盘”,很容易使人联想到战争年代的军事作战指挥沙盘或房地产开发商销售楼盘时的小区规划布局沙盘。这些沙盘清晰地模拟了真实的地形、地貌,使得观察者不必亲临现场,也能对所关注的问题了然于胸,从而运筹帷幄,制订决策。

企业内部资源包括厂房、设备、原材料、资金和人员;外部资源则包括企业上下游的供应商和客户等。企业资源计划的实质就是如何在资源有限的情况下,合理地组织企业进行生产,力求实现利润最大化、成本最低化。也可以说,企业的生产经营过程就是对企业资源的管理过程。

“ITMC企业经营管理沙盘模拟系统”作为企业模拟经营中的主要实践平台,以某个企业为模拟对象,模拟该企业运营的关键环节:战略规划、资金筹集、市场营销、产品研发、生产组织、物资采购、设备投资与改造、财务核算与管理等。在模拟过程中,把企业运营所处的内外部环境抽象为一系列的规则,分成6~12个相互竞争的模拟企业,通过模拟企业6年的经营活动过程,使训练者在分析市场、制订战略、营销策划、组织生产、财务管理等一系列活动中,了解企业的管理规律,提升企业管理的能力,同时也对企业资源管理过程有一个实际的体验。

(二) 沙盘模拟的意义分析

沙盘模拟作为一种体验式的教学方式,是继传统教学及案例教学之后的一种教学创新。借助ITMC企业经营管理沙盘模拟系统,可以强化学生的管理知识、训练管理技能、全面提高学生的综合素质。沙盘模拟教学融理论与实践于一体、集角色扮演与岗位体验于一身,可以使学生在参与、体验中完成从知识到技能的转化。

1. 多方位拓展知识体系

通过ITMC企业经营管理沙盘模拟企业的经营管理,可以使学生在以下几方面获益:

(1) 战略管理

成功的企业一定有着明确的企业战略,包括产品战略、市场战略、竞争战略及资金运用战略等。从最初的战略制订到最后的战略目标达成分析，经过几年的模拟，经历迷茫、挫折、探索，训练队员学会用战略的眼光看待企业的业务和经营过程，保证业务与战略的一致，在未来的工作中更多地获得战略性的成功而非机会性的成功。

例如，生产什么产品、投资多少钱来做广告、如何开发市场和进行市场认证、何时考虑贷款等，这些问题均涉及企业的战略管理及对竞争对手和市场的分析等工作。

（2）营销管理

市场营销就是企业用价值来不断满足客户需求的过程。企业所有的行为、所有的资源，无非是要满足客户的需求。模拟企业几年中的市场竞争对抗，学生将学会如何分析市场的需求和利润情况、关注竞争对手的产品和市场扩张力度、把握消费者需求、制订营销战略、定位目标市场，制订并有效实施销售计划，最终达成企业战略目标。

（3）生产管理

在模拟经营中，把企业的采购管理、生产管理、质量管理统一纳入生产管理领域，则新产品研发、物资采购、生产运作管理、库存控制等一系列问题及背后一系列决策问题就自然地呈现在训练者面前，它跨越了专业分隔、部门壁垒。学生将充分运用所学知识、积极思考，在不断的失败与成功中获取新知。

（4）财务管理

在沙盘模拟过程中，团队成员将清晰掌握资产负债表、损益表的结构；掌握资本流转如何影响损益；解读企业经营的全局；预估长短期资金需求，以最佳方式筹资，控制融资成本，提高资金使用效率；理解现金流对企业经营的影响。

（5）人力资源管理

从岗位分工、职位定义、沟通协作、工作流程到绩效考评，沙盘模拟中每个团队经过初期组建、短暂磨合，逐渐形成团队默契，完全进入协作状态。在这个过程中，各自为战导致的效率低下、无效沟通引起的争论不休、职责不清导致的秩序混乱等情况，可以使学生深刻地理解局部最优不等于总体最优的道理，学会换位思考。明确只有在组织的全体成员有着共同愿景、朝着共同的绩效目标、遵守相应的工作规范、彼此信任和支持的氛围下，企业才能取得成功。

（6）基于信息管理的思维方式

通过ITMC企业经营管理沙盘模拟系统，使学生真切地体会到构建企业信息系统的紧迫性。企业信息系统能够时刻跟踪企业运行状况，对企业业务运行过程进行控制和监督，及时为企业管理者提供丰富可用的信息。通过沙盘的信息化体验，学生可以感受到企业信息化的实施过程及关键点，从而合理规划企业信息管理系统，为企业信息化做好观念和能力上的铺垫。

2. 全面提高学生综合素质

除了上述功能，ITMC企业模拟经营管理沙盘作为企业经营管理仿真教学系统还可以用于综合素质的训练，使学生在以下方面获益：

（1）树立共赢理念

市场竞争是激烈的，也是不可避免的，但竞争并不意味着一定会“你死我活”。寻求与合作伙伴之间的双赢、共赢才是企业发展的长久之道。这就要求企业知己知彼，在市场分析、竞争对手分析上做足文章，在竞争中寻求合作，只有这样，企业才会有无限的发展机遇。

（2）全局观念与团队合作

通过ITMC企业经营管理沙盘模拟对抗课程的学习，学生可以深刻体会到团队协作精神的重要性。在企业运营过程中，总裁是舵手、财务总监保驾护航、营销总监冲锋陷阵……在这里，每一个角色都要以企业总体最优为出发点，各司其职，相互协作，只有这样，企业才能赢得竞争，实现目标。

（3）保持诚信

诚信是一个企业的立足之本、发展之本。诚信原则在ITMC企业模拟经营管理沙盘课程中体现为对“游戏规则”的遵守，如市场的竞争规则、企业产能的计算规则、生产设备的购置及转产等具体业务的处理。保持诚信是学生立足社会、发展自我的基本素质。

（4）个性与职业定位

每个个体因为有不同的个性存在，这种个性在ITMC企业模拟经营管理沙盘对抗中会显露无遗。在分组对抗中，有的小组轰轰烈烈，有的小组稳扎稳打，还有的小组不知所措。虽然个性特点与胜任的角色有一定的关联度，但在现实生活中，很多人并不是因为“爱一行”才“干一行”的，更多的是需要大家“干一行”就“爱一行”。

(5) 感悟人生

在残酷的市场竞争和企业经营风险面前,队员是"轻言放弃"还是"坚持到底",不同的选择不仅是一个企业可能面临的问题,更是在人生阅历中需要不断抉择的问题,经营自己的人生与经营企业具有一定的相通性。

3. 企业的组织结构方式及主要角色代表

任何一个企业在创建之初都要建立与其企业类型相适合的组织机构,组织机构是保证企业正常运转的基本条件。在模拟沙盘中,采用了简化企业组织机构的方式,企业组织的主要角色代表包括:企业首席执行官、营销总监、生产总监、采购总监、财务总监。

考虑到企业职能部门的划分,可以把学生按4~6人分为一组,组成一个企业,每个人扮演不同的角色。下面对每个角色的岗位职责做简单描述,以便学生根据自身情况来选择扮演相应角色。

(1) 首席执行官(CEO)

企业所有的重要决策均由首席执行官带领团队成员共同决定,如果大家意见相左,由CEO拍板决定。

(2) 营销总监(CSO)

企业的利润是由销售收入带来的,销售是企业生存和发展的关键,营销总监在企业中的地位不言自明。营销总监所担负的责任是:开拓市场,实现销售,最终实现企业利润增长。

① 开拓市场

作为一家民营企业,最初在其所在地注册企业并开始运营,经过几年的经营,在本地市场上已站稳脚跟。在全球市场开放时,一方面要稳定企业现有的市场,另一方面要积极拓展新市场,争取更大的市场空间,才能力求在销售上实现增长,追逐更大的利润空间。

② 销售管理

销售和收款是企业的主要经营业务之一,也是企业联系客户的主要任务。为此,销售主管应结合市场预测及客户需求制订销售计划,有选择地进行广告投放,取得与企业生产能力相匹配的客户订单,与生产部门做好沟通,保证按时交货给客户,监督货款的回收。

营销总监还可以兼任商业间谍的角色,因为他最方便监控竞争对手的情况,比如对手正在开拓哪些市场？未涉足哪些市场？他们在销售上取得了多大的成功？他们拥有哪类生产线？生产能力如何？通过分析，充分了解市场，明确竞争对手的动向，有利于今后的竞争。

(3) 生产总监(COO)

生产总监是企业生产部门的核心人物，对企业的一切生产活动进行管理，并对企业的一切生产活动及产品负最终的责任。生产总监既是生产计划的制订者和决策者，又是生产过程的监控者，对企业实现利润目标负有重大的责任，主要工作是通过预测、计划、组织、指挥和控制等手段实现企业资源的优化配置，创造最大经济效益。

生产管理的范畴主要包括：负责公司生产线的建设、生产线的调整、产品的生产等现场管理方面的工作，协调完成生产计划，维持生产的低成本稳定运行，并处理好有关的外部工作关系，比如生产的产品类型、需要生产的数量等；生产计划的制订落实及生产和原材料的调度控制，保持生产正常进行，从而能及时交货；组织新产品研发，扩充并改进生产设备，不断降低生产成本；做好生产车间的现场管理，保证安全生产。

(4) 采购总监(CPO)

采购是企业生产的首要环节。采购总监负责编制并实施采购供应计划，要提前几个季度分析好企业生产需要的原材料数量和种类，并考虑各种原材料的付款账期，力求从价格上把好第一关，确保在合适时间点采购合适的品种及数量的原材料，为企业生产做好后勤保障。

(5) 财务总监(CFO)

在企业经营过程中，财务与会计的职能常常是分离的，它们有着不同的目标和工作内容。会计主要负责日常现金收支管理，定期核查企业的经营状况，核算企业的经营成果，制订预算及对成本数据的分类和分析。财务主要负责资金的筹集、管理，做好现金预算，管好、用好资金。在沙盘中，我们将职能归到财务总监，其主要任务是管好现金流，按需求支付各项费用、核算成本，按时报送财务报表并做好财务分析；进行现金预算、采用经济有效的方式筹集资金，将资金成本控制到较低水平。

组建企业管理团队后，企业管理团队将领导公司进行合理发展，在变化的市场中进行开拓，应对激烈的竞争。企业能否顺利运营下去取决于管理团队正确决策的能力。每个团队成员在做决策时应利用知识和经验,充分分析市场和竞争对手,结合企业的实力,不要匆忙行动而使企业经营陷入混乱。

如果人数较多,在指定了首席执行官、营销总监、生产总监、采购总监、财务总监之后,可以考虑分配财务助理、内审员等角色。此外,在经营过程中,队员还可以轮流任职不同的职位,以体验换位思考,熟悉不同职位的工作及流程。

(三) 具体操作

1. 学生分组

沙盘提供经营小组的组数为 6 组模式、8 组模式、10 组模式、12 组模式。一般根据学生的人数按以上小组数进行分组。需要注意的是,分组的时候要明确各组成员名单和角色名单,同时明确各成员的具体任务。

(1) 首席执行官

组织大家讨论遇到的问题,例如:在哪个厂房建设什么生产线?在哪个市场投资多少广告?获取哪个订单?要不要贷款?贷款多少钱?

(2) 营销总监

① 分析市场

记录其他各组的广告选单顺序,用于其他各组的广告投入成本的分析。

记录其他各组的广告选单情况,用于其他各组的产品分析。

分析市场需求,即市场每年的订单信息,用于分析各个时间、各个地区、各种产品给企业带来的利润,从而便于企业更合理地投放广告,获得更高的价值。

② 销售管理

结合生产总监给出的生产能力和库存情况决定企业选择合适的订单。

(3) 生产总监

根据营销总监的市场分析,确定企业研发的产品类型并进行生产线的变更。

根据财务总监给出的企业资金情况决定在哪个厂房、投入多少条生产线、建设哪种类型的生产线。

根据企业的生产计划,进行采购原材料的计算(此内容应和采购总监分开计算,并进行核对,以避免错误)。

进行生产活动。

(4) 财务总监

计算广告费用的最大额度。

计算变更生产线的成本。

根据生产总监的规划，计算需要贷款的数量。

监督企业的资金花费，分析是否会将企业带入危险之中。

2. 学生端登录企业经营管理沙盘软件

通过双击桌面上的“ITMC 企管沙盘学生训练平台”进入沙盘系统，如图 1-1 所示。

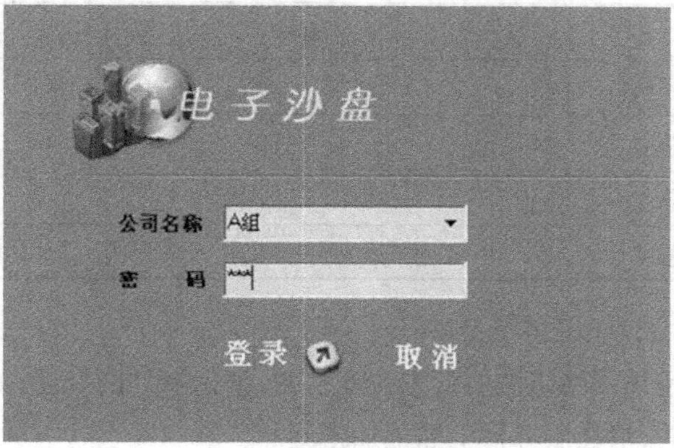

图 1-1 沙盘登录界面

公司名称可以通过下拉列表选择，每组的密码为本组公司名称中的字母，如 A 组就是 aaa。

单击“登录”，弹出如图 1-2 所示的界面。

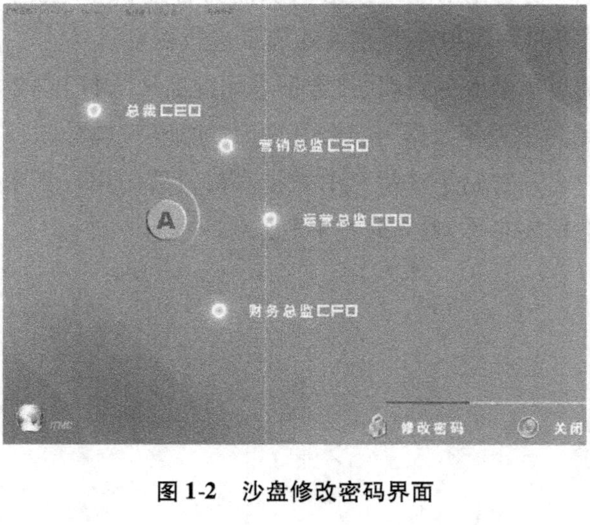

图 1-2 沙盘修改密码界面

为了保护企业机密，单击右下方的“修改密码”，此时可修改相应的密码，这样不仅能防止其他企业误登录本企业的沙盘，更能保护企业自身的机密。修改好密码后，退出系统，重新登录，然后单击“总裁CEO”，进入沙盘盘面。

3．填写个人信息

请分好小组的学生将个人信息填入表1-1。

表1-1　个人信息

	学号	姓名
首席执行官		
营销总监		
生产总监		
财务总监		

4．教师端控制的基本操作

如果软件是采用网络注册的方式安装的，请保持外网畅通；如果是使用加密狗的方式注册的，请在服务器上插上加密狗。

（1）沙盘数据初始化操作

在进行模拟企业的经营之前，需要初始化沙盘的数据，这样可以清除沙盘以往经营的数据，使得所有企业在同一初始状态下开始经营。可以选择“初始化第零年数据”，从而为经营小组提供试运行一年的时间，此经营数据将不保留。也可以选择“初始化第壹年数据”，从而为各经营小组提供正式运行的环境，此经营数据将作为模拟企业经营的成果进行保存。

教师可以通过单击服务器端的“数据库配置工具”，打开“数据库配置工具”面板，单击“初始化第壹年数据”选项，其中IP地址可以输入“127.0.0.1”，数据库管理员的用户名和密码是安装SQL数据库时设置的用户和密码，数据库名称就使用默认的数据库名称，具体如图1-3所示。

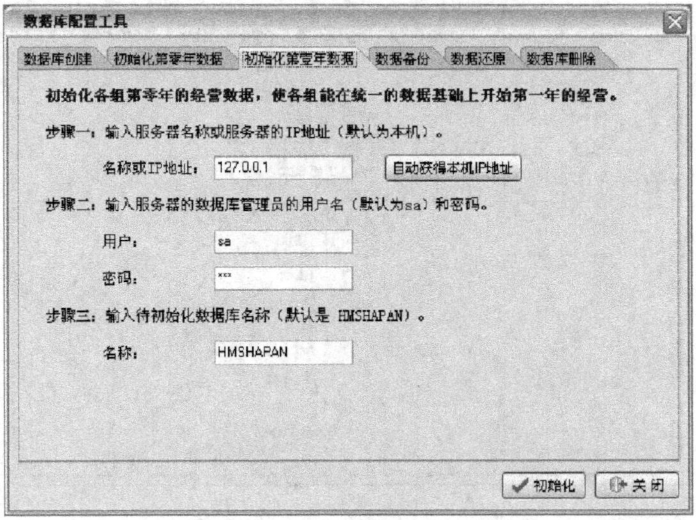

图 1-3　沙盘数据库配置工具

最后单击“初始化”按钮，完成沙盘第一年的初始化工作。

（2）开始沙盘操作

教师在服务器上启动“ITMC 企业电子沙盘教师指导平台”，同时设置好相应的小组数，单击“系统”菜单中的“系统参数设置”即可完成操作，具体如图 1-4 所示。

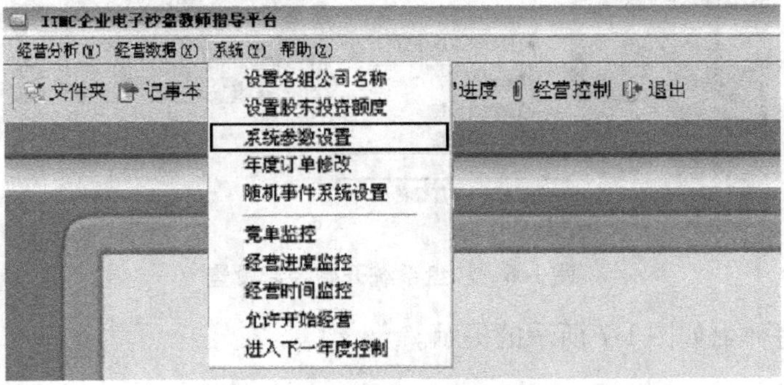

图 1-4　沙盘系统小组参与数设置步骤

在弹出的“系统参数设置”面板中，单击“设置参与组数”选项，选择相应的参与小组，具体如图 1-5 所示。

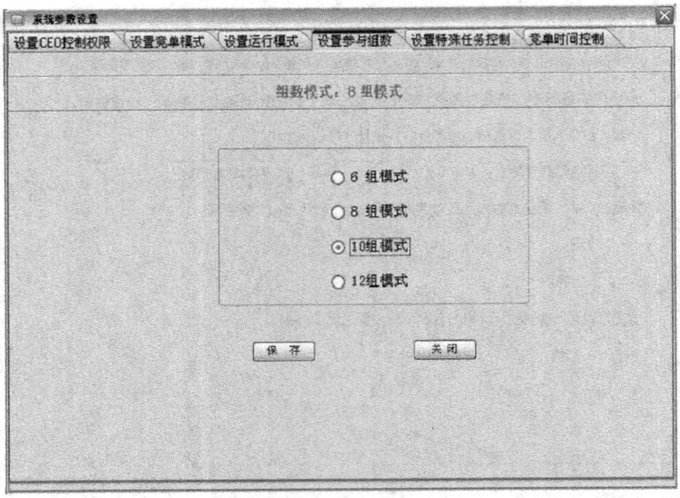

图 1-5　沙盘系统小组参与组数设置

单击“保存”后即可完成参与小组的设置。

此时教师还需要允许学生端开始经营沙盘，单击“系统”菜单中的“允许开始经营”即可完成操作，具体如图 1-6 所示。

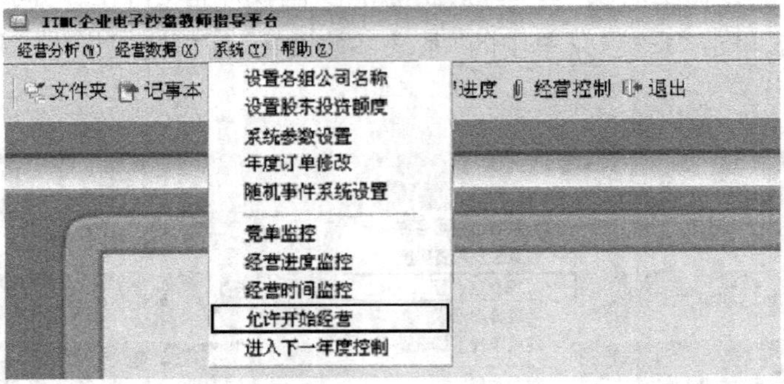

图 1-6　沙盘系统开始经营设置

此时将弹出如图 1-7 所示的提示。

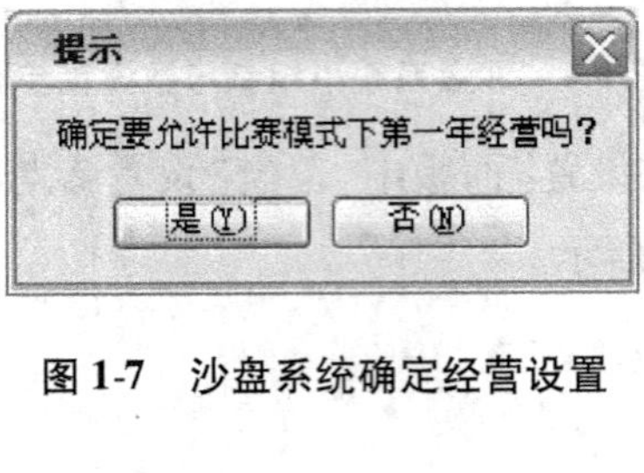

图 1-7　沙盘系统确定经营设置

单击“是”按钮，学生端即可进行经营操作。如果缺少以上步骤，学生端就不能通过沙盘对模拟企业进行经营活动，沙盘软件会弹出如图 1-8 所示的提示。

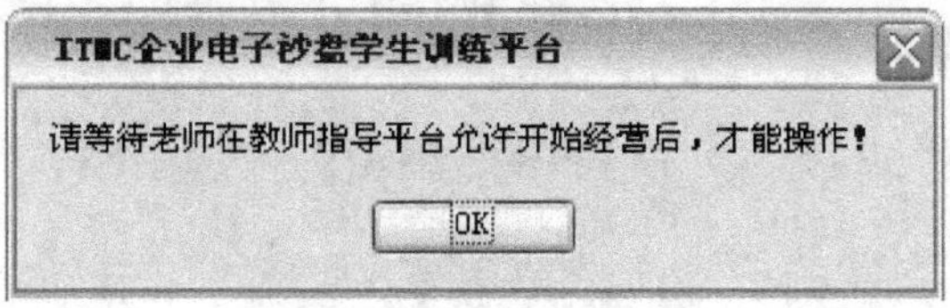

图 1-8　学生端沙盘系统未开始经营提示

此时教师端需要单击“允许开始经营”，学生端方可进行经营操作。

(3) 追加股东投资

在教学过程中，有时有小组经营不善，导致企业经营破产，此时可以通过追加股东投资来给企业一定的资金，让其继续经营下去。教师需要先在教师端设置允许追加股东投资，可以通过单击“系统”菜单中的“系统参数设置”进行操作，如图 1-9 所示。

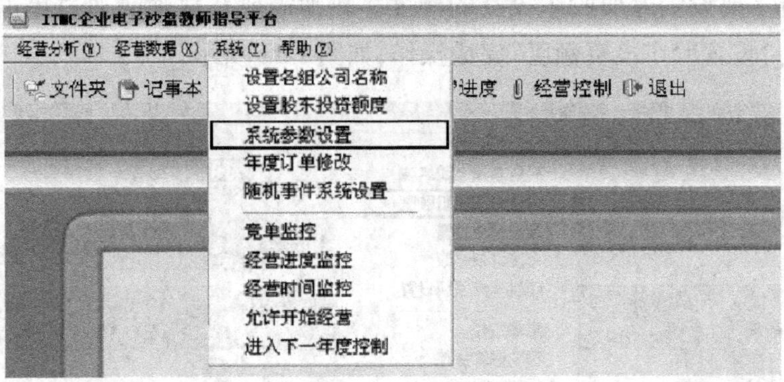

图 1-9　沙盘系统追加股东投资设置步骤

在弹出的“系统参数设置”面板中单击“设置特殊任务控制”选项，选中其中的“允许追加股东”，并单击“保存”按钮。具体操作如图 1-10 所示。

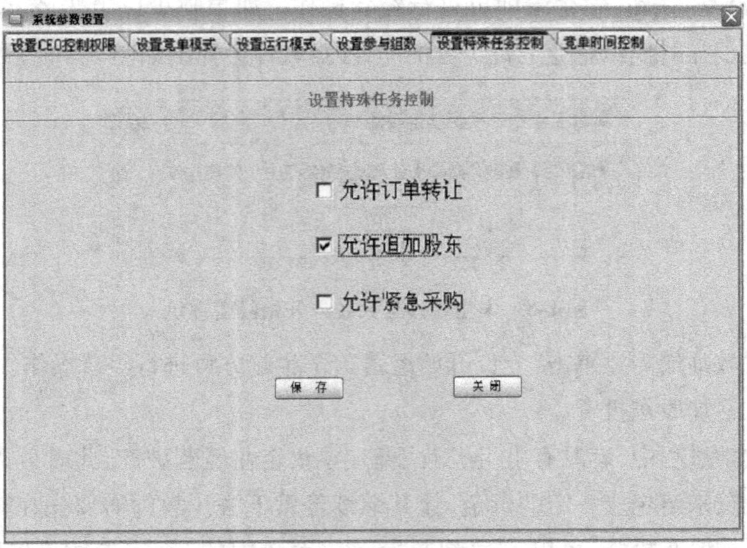

图1-10　沙盘系统允许追加股东投资设置

接着需要设置追加股东投资的额度。教师需要在教师端通过单击"系统"菜单中的"设置股东投资额度"完成操作,如图1-11所示。

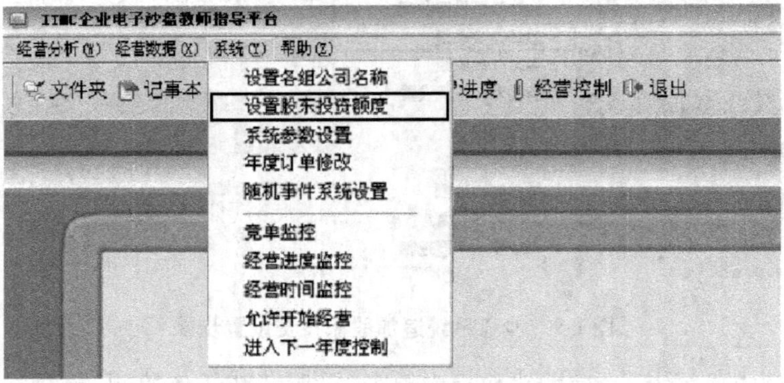

图1-11　沙盘系统允许追加股东投资额度设置步骤

在弹出的"设置股东投资额度"面板中输入相应的"新股东投资额度",并单击"确认"按钮。具体操作如图1-12所示。

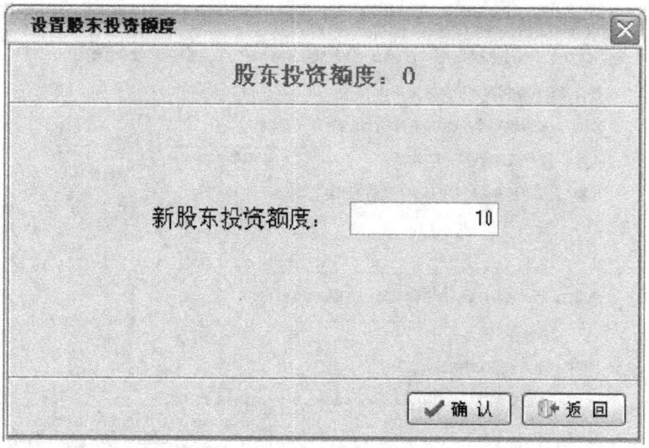

图 1-12　沙盘系统允许追加股东投资额度设置

然后学生端通过单击沙盘右侧任务列表中的“特殊任务”追加股东投资。需要注意的是,为了更好地维护市场环境,建议追加的股东投资金额不要太多,避免有些企业通过追加较多的投资费用,从而拥有大量的流动资金,扰乱广告市场,而且这样做也不能更好地锻炼学生的分析能力和计划能力等。

(4) 数据的备份和还原

在教学过程中,有时可能本节课已经结束了,但是沙盘的数据下次还要再使用。为了在下次上课时仍然能接着本次学习的内容继续进行,可以通过系统自带的数据备份和数据还原功能实现。

教师可以通过单击服务器端的“数据库配置工具”,打开“数据库配置工具”面板,单击“数据备份”选项,其中 IP 地址可以输入“127.0.0.1”,而数据库管理员的用户名和密码是安装 SQL 数据库时设置的用户和密码,数据库名称就使用默认的数据库名称,备份文件可以设置备份的数据库文件存放的位置和名称。具体操作如图 1-13 所示。

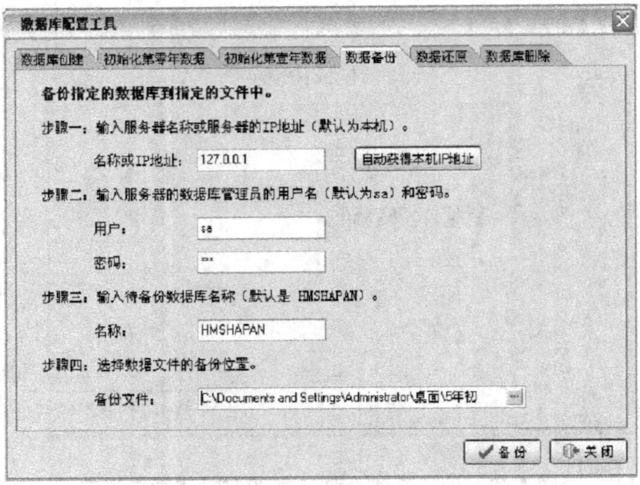

图 1-13　沙盘数据库文件备份设置

当下次课程开始后，教师可以通过软件自带的“数据还原”功能将沙盘的状态还原到上次经营的状态。教师可以通过单击服务器端的“数据库配置工具”，打开“数据库配置工具”面板，单击“数据还原”选项，其中 IP 地址可以输入“127.0.0.1”，而数据库管理员的用户名和密码是安装 SQL 数据库时设置的用户名和密码，数据库名称就使用默认的数据库名称，备份文件应该选择上次存储的备份数据库文件。具体操作如图 1-14 所示。

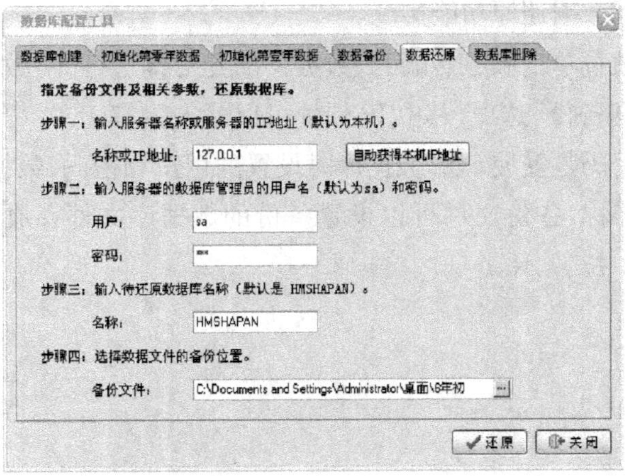

图 1-14　沙盘数据库文件还原设置

这样就可以实现沙盘状态的还原，从而便于教学活动的开展。

任务二　企业经营管理沙盘操作简介

能力(技能)目标

1. 能够明白沙盘盘面上各部分主要模拟企业经营环节的内涵。
2. 能够通过沙盘盘面了解企业的经营现状。
3. 能初步查看企业的损益表和资产负债表。

知识目标

1. 掌握企业沙盘的盘面经营状况。
2. 初步了解企业的财务状况。
3. 初步了解企业所有者权益的概念。

情景简介

各小组已经能够通过软件进入企业的模拟盘面,但是盘面上的各部分有何意义?小组成员如何读懂企业的资产负债表和损益表?这些都是各组进行企业管理首先要面临的问题。

任务分解

1. 企业沙盘盘面情况的认知。
2. 查看企业损益表和资产负债表。

任务要求

能够明白企业沙盘盘面各部分的意义,同时能够查看企业的资产负债表和企业的损益表。

建议教学方法

教师讲授、示范;学生分组学习;学生进行相应操作。

建议课时

0.5学时。

一、实训目的及内容

主要结合沙盘盘面,介绍沙盘模拟经营企业的基本概况。通过本任务的学习,要能看懂沙盘的盘面。

二、实训步骤

(一)企业沙盘的盘面情况的认知

本沙盘模拟的企业是一个典型的离散制造型企业,创建已有3年,长期以来一直专注于某行业P系列产品的生产与经营。目前企业拥有自主厂房——A厂房,其中安装了3条手工生产线和1条半自动生产线,运行状态良好。所有生产线全部生产P1产品,几年以来企业一直只在本地市场进行销售,有一定知名度,客户也很满意。图2-1所示为沙盘的初始界面。

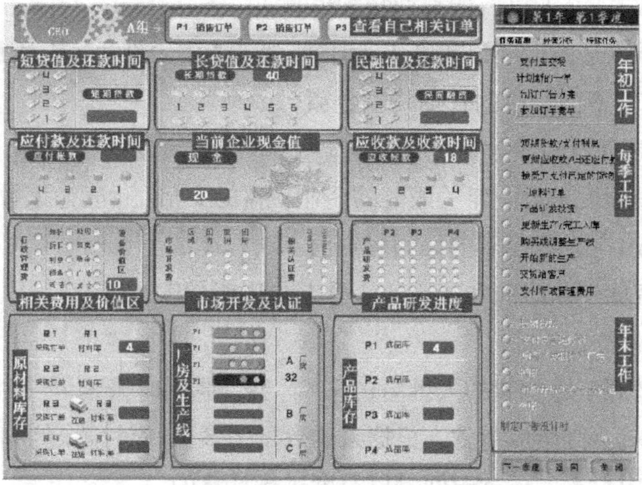

图 2-1　沙盘经营企业初始界面

1. 查看企业自己的相关订单

在进行广告方案制订、原材料预定、生产线调整和生产线生产时,企业需要时刻关注自己已有的订单情况,特别要注意那些即将交货的订单,根据订单的情况及时合理地调整生产线以满足订单的需求。企业要随时查看自己订单的相关情况,只需单击“查看自己相关订单”处的“P1 销售订单”按钮即可。

2. 短期贷款及还款时间

短期贷款额度 = 上一年关账时的企业权益的 2 倍(此值为该数值范围内 20 的最大的倍数) - 企业已进行的短期贷款值。

短期贷款的还款时间以季度进行计算,如果沙盘盘面上的“4”为红色,就表示还有 4 个季度企业就需要去还“4”后面相关的短期贷款值。特别提醒:当“1”为红色时,表示下个季度就要还款。

在操作完每个季度相关工作或年末工作后,请不要急着单击沙盘右下角的“下一季度”按钮,一定要确定企业有能力归还下个季度相应的短期贷款费用,如果是进入下一年,还要考虑下一年的年初工作预算费用,如税收和企业广告费用等。这些费用在企业进入下一年年初就要支付,因此企业必须做好这些费用的预算工作,只有这样才可以避免给企业带来不必要的损失。

3. 长期贷款及还款时间

长期贷款额度 = 上一年关账时的企业权益的 2 倍(此值为该数值范围内 20

的最大的倍数）－企业已有的长期贷款值。

长期贷款的还款时间以年度进行计算，如果“3”为红色，表示还有3年企业就需要去还“3”下面相应的长期贷款金额。

4. 民间融资及还款时间

民间融资额度＝上一年关账时的企业权益的2倍（此值为该数值范围内20的最大的倍数）－企业已有的民间融资值。

民间融资的还款时间和相应的注意点与短期贷款一致。

5. 应付款及还款时间

应付款来源于原材料的大批量的采购，当企业同时采购同一种原材料数量大于5个时，就会产生应付款。根据采购数量的多少，应付款产生不同账期。需要注意的是，应付款的还款时间是以季度进行计算的。

6. 当前企业现金值

当前企业的现有资金。

7. 应收款及收款时间

企业获得的订单有很大一部分在企业交付产品的时候并不能马上获得现金，在企业获取的订单上有注明订单的账期，这就是应收款的由来。

需要注意的是，应收款的收款时间是以季度进行计算的。但是在企业经营时有时缺少部分现金，而企业又不能再去进行各种贷款，这时可以查看企业现有的应收款，可以贴现将钱取出使用。需要注意的是，每7M的应收款只能取出6M，相当于16.67%的利息（或者更高，因为贴现的应收款一般回款周期不超过一年），很显然，如果贴现的是4个账期的应收款项，则要比1个账期的应收款项合算得多。

8. 相关费用及价值区

主要描述行政管理费用的支付及生产线维护费用的支出、生产线的折旧费用（直接降低企业的权益，并不直接影响企业的现金）、贷款利息的支出、租赁厂房租金的支付、固定资产清理的费用（此费用在生产线出售时产生，简称固清，固清＝生产线当前价值－折旧费用）、贴现利息的支出、生产线变更费用的支出、税金的支出、广告费用的支出、其他费用的支出（如订单违约支付的罚金）。

同时描述了厂房现有生产线的价值。生产线每年均在折旧，折旧值＝设备当前值÷3（4舍5入，当生产线价值不足3时，取1；当生产线价值为0时，不折旧）。

将鼠标放置到沙盘中的“设备价值区”下面的数值时，沙盘会提示企业现有的各条生产线的价值。企业财务总监可以在企业年末工作前计算企业最后的权益，这时就可以利用设备价值区中每条设备的价值计算企业本年度生产线的折旧费用，结合企业的市场开拓和ISO认证费用的支出，就可以确定下一年企业的贷款额度，从而判断是否进行市场开拓和ISO认证等操作。

如果要进行更精确的计划，企业可以在拿到订单后，就计算出企业的权益，从而更合理地控制企业的具体操作。

9. 市场开发及认证

在接手企业时，企业已经能够在本地进行市场销售，但是尚不能在其他市场进行销售活动，这就需要对其他市场进行开发，当我们点红对应市场下方的所有空白点时，就可以在下一年度进行相应的市场销售。

ISO认证主要体现在企业参加订单竞单的过程中，部分订单要求企业已经进行了相应的ISO认证，如果企业没有相应的认证，就不能获取相应的订单。

本操作均在年末工作中，注意每年只能操作一次。当企业经营到该步骤时，企业即将关账，此时可以先查看企业现有的权益值，然后再进行相应的市场开发及认证工作，个别时候，可能刚好企业的所有者权益差1M，企业的权益刚好为10的倍数，考虑到下一年的贷款额度，可以选择一些暂时用不到的市场或认证，暂时不开发，从而使得下一年的贷款额度提高。

10. 产品研发进度

在本沙盘中一共有4种产品：P1、P2、P3、P4。在接手企业时，企业已经能够生产P1产品，但是尚不能生产其他类型的产品，这就需要研发其他产品，当我们点红对应产品下方所有的空白点时，就可以在本季度进行相应的生产。注意每季度只能操作一次，每种产品的开发需要6个季度。其中P2产品的开发费用需要6M，P3产品需要12M，P4产品需要18M。在开发产品时一定要量力而行，最好能和其他竞争对手错开进行开发生产，避免市场的恶性竞争。

11. 原材料库存

本沙盘涉及的原材料一共有4种：R1、R2、R3、R4。每种原材料的价格均是1M。但是原材料运输到企业仓库的时间不尽相同，其中R1和R2需要一个季度的运输时间，R3和R4需要2个季度的运输时间。需要特别指出的是，如果计划下下个季度P3或P4产品就开发完成并有相应的生产线进行生产，本季度就需要预定好相应的R3和R4原材料。原材料的预定数量应该根据现有生产需要的数量减去库存相应原材料的数量并加上正在运输过来的相应原材料的数量进行计算,尽量避免采购多余的原材料而使得资金周转不灵。当然,如果经过计算后,为了获得原材料的应付款账期,企业可以适当多订购相应的原材料。

12. 厂房及生产线

接手的企业拥有一个自主厂房:A厂房,该厂房可以建设4条生产线。企业也可以去购买或租赁B厂房或C厂房,B厂房可以建设3条生产线,C厂房可以建设1条生产线。当然,在资金紧张时,也可以出售没有生产线的厂房。所以每家企业最多只能建设8条生产线,因此企业必须建设效率高的生产线,而不能建设效率低的生产线。

本沙盘中一共有4种生产线,分别为手工线、半自动生产线、全自动生产线、柔性生产线。建议企业建设每个季度能生产出1个产品的全自动生产线或柔性生产线,而将原有的每3个季度生产1个产品的手工线和每2个季度生产1个产品的半自动生产线进行出售,从而为效率高的生产线提供建设空间。

需要注意的是,在每年年初参加订单竞单时,就应该已经计算出企业本年度生产出的各种产品的数量,从而便于企业进行订单的选取。

13. 产品库存

当企业生产的产品销售不出去时,就会产生库存产品。

当然也不排除有企业考虑到市场对产品的需求和价格情况,进行了部分产品的囤货。一般不建议囤大量的货物,因为这样操作起来资金风险较大。

14. 年初工作

每年进行一次,主要包括交税、制订广告方案、参加订单竞单等工作。需要注意的是,在上一年关账时,就应该计算企业下一年能生产产品的数量,并结合企业现有的库存情况、市场的需求情况、产品的价格情况及竞争对手的情况进行广告方案的制订。具体工作将在本书的“任务四　每年年初工作”中进行介绍。

15. 每季工作

每季度进行一次,主要包括短期融资、应收款应付款的操作、原材料操作、产品研发、生产线相关操作、交货给客户及行政管理费用的支付等工作。具体工作将在本书的“任务五　每季度工作”中进行介绍。

16. 年末工作

每年进行一次，主要包括长期贷款工作、设备维修、厂房操作、设备折旧、市场开发及认证和关账等工作。具体工作将在本书的“任务六　每年年末工作”中进行介绍。

(二) 查看企业的损益表和资产负债表

单击沙盘右上角的“经营分析”(见图 2-2)，查看“损益表/资产负债表”(见图 2-3)。

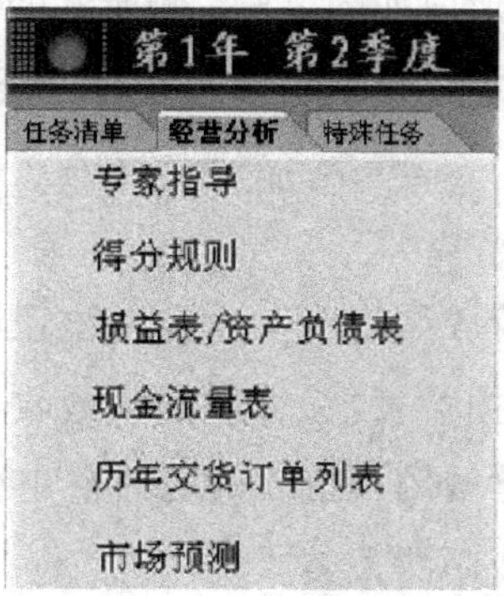

图 2-2　学生端打开“损益表/资产负债表”的方法

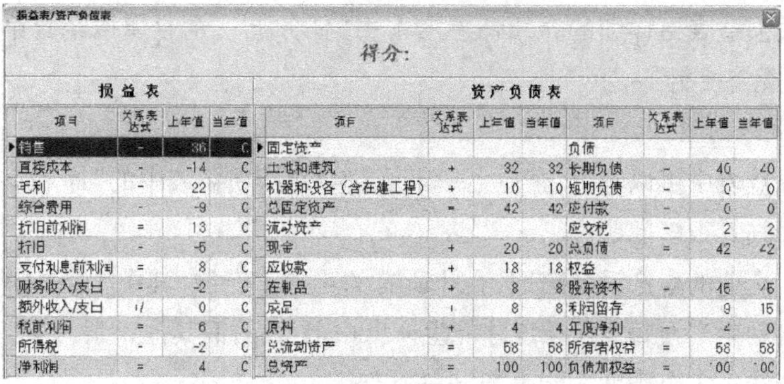

损益表/资产负债表

得分:

损益表

项目	关系表达式	上年值	当年值
销售	-	36	C
直接成本	-	-14	C
毛利	-	22	C
综合费用	-	-9	C
折旧前利润	=	13	C
折旧	-	-5	C
支付利息前利润	=	8	C
财务收入/支出	-	-2	C
额外收入/支出	+/	0	C
税前利润	=	6	C
所得税	-	-2	C
净利润	=	4	C

资产负债表

项目	关系表达式	上年值	当年值	项目	关系表达式	上年值	当年值
固定资产				负债			
土地和建筑	+	32	32	长期负债	-	40	40
机器和设备（含在建工程）	+	10	10	短期负债	-	0	0
总固定资产	=	42	42	应付款	-	0	0
流动资产				应交税	-	2	2
现金	+	20	20	总负债	=	42	42
应收款	+	18	18	权益			
在制品	+	8	8	股东资本	-	46	46
成品	+	8	8	利润留存		9	15
原料	+	4	4	年度净利	-	4	0
总流动资产	=	58	58	所有者权益	=	58	58
总资产	=	100	100	负债加权益	=	100	100

图 2-3　模拟经营企业的“损益表/资产负债表”

1. 企业财务状况

所谓企业财务状况，是指企业资产、负债、所有者权益的构成情况及其相互关系。企业财务状况由企业对外提供的主要财务报告——资产负债表来表述。资产负债表是根据资产、负债和所有者权益之间的相互关系，即“资产 = 负债 +

所有者权益”的恒等关系，按照一定的分类标准和一定的秩序，把企业特定日期的资产、负债、所有者权益三项会计要素所属的项目予以适当排列，并对日常会计工作中形成的会计数据进行加工、整理后编制而成的，其主要目的是为了反映企业在某一特定日期的财务状况。

通过资产负债表，可以了解企业所掌握的经济资源及其分布情况；了解企业的资本结构；分析、评价、预测企业的短期偿债能力和长期偿债能力；正确评估企业的经营业绩。在模拟沙盘经营过程中，根据企业涉及的业务对资产负债表中的项目进行了适当的简化，形成如图2-3右侧所示的简易资产负债表。

有关资产负债表更详细的介绍请参考本书“任务七　企业模拟经营第0年”中的“企业资金控制”。

2．企业的经营成果

企业在一定期间的经营成果表现为企业在该段时间所取得的利润，它是企业经济效益的综合体现，由损益表（又称利润表或收益表）来描述。损益表是用来反映企业经营收入与经营费用相抵后确定的企业经营成果的会计报表。损益表的项目主要分为收入和费用两大类。

在沙盘模拟中，根据企业涉及的业务对损益表中的项目进行了适当的简化，形成如图2-3左侧所示的简易损益表。

有关损益表更详细的介绍请参考本书“任务七　企业模拟经营第0年”中的“企业资金控制”。

3．股东期望

从损益表中可以看出，企业上一年盈利4M（即损益表中的“净利润”），但是企业仍面临着很多问题：

（1）企业的生产设备陈旧，企业所有的4条生产线，其中1条为半自动线，每条半自动生产线每2个季度才能生产出一个产品，而其他3条为手工线，每条手工生产线每3个季度才能生产出一个产品。

（2）企业能生产的产品比较单一，只能生产P产品系列中的P1产品，而其他P2、P3、P4产品则没有开发，暂时还不能生产。

（3）企业销售产品的市场比较单一，现有本地市场、区域市场、国内市场、亚洲市场、国际市场，但是企业现在只能在本地市场进行销售，而其他销售市场等待着企业去开发。

（4）企业产品没有通过 ISO 认证，模拟经营过程中，产品可以通过 ISO 9000 和 ISO 14000 的认证。一旦企业产品通过 ISO 认证，就可以接受市场中相关的订单，此类订单一般利润更高。

企业管理层长期以来墨守成规地经营，导致企业缺乏必要的活力，目前虽然尚未衰败，但是发展也近乎停滞不前。鉴于现在的状况，公司董事会及全体股东决定将企业交给一批优秀的新人去发展，他们希望新的管理层能够把握时机，抓住机遇，投资新产品开发，使公司的市场地位得到进一步的提升；在全球市场广泛开放之际，积极开发本地市场以外的其他新市场，进一步拓展销售市场领域；企业扩大生产规模，采用更先进的生产设备，努力提高企业的生产效率，全面带领企业进入快速发展的阶段。

4．*沙盘初始状态设定*

（1）总流动资产 58M

在沙盘中流动资产包括现金、应收账款、在制品、存货成品、原材料。

① 现金 20M

在接手企业时，企业现有现金 20M。

② 应收账款 18M

企业获得一些销售产品的订单，但是并不是每个订单均在交货的时候就能获得相应的销售款。一般购买者需要一定的时期才能将钱付给企业，这个时期就是应收账款期。在沙盘中应收款账期一般不超过 4 个季度。每个季度在更新应收账款时，就会将应收款往现金方向推进一个季度。

在接手企业时，企业一共有应收账款 18M，在更新应收账款后，其中 9M 还有 2 个季度就会到账，另外 9M 则有 3 个季度才会到账。

将鼠标放在应收账款的金额上，此时沙盘会对各应收账款和账期进行提醒。

③ 在制品 8M

在制品是指处于加工过程中，尚未完工入库的产品。大厂房中有 3 条手工生产线、1 条半自动生产线，每条生产线上各有一个 P1 产品正在生产。手工生产线需要 3 个季度进行产品生产，生产线上的点后面空的位置表示在制品还有多少个季度就能生产出来。半自动生产线需要 2 个季度进行产品生产。

每个 P1 产品成本由两部分构成：R1 的原料费用 1M 和生产费用 1M。而现在有 4 条正在生产 P1 的生产线，所以成本为 $2M \times 4 = 8M$。

④ 存货成品 8M

P1 成品库中有 4 个成品，每个成品同样由一个 R1 的原料费用 1M 和生产费用 1M 构成。

⑤ 原材料 4M

原料库中有 4 个 R1 原材料。每个原材料的价值均为 1M，所以原材料的资产为 1M × 4 = 4M。

除了以上表示的流动资产之外，企业还在上个季度向供应商发出采购订货，预定了 2 个 R1 原材料，这些原材料将在本季度到货。原材料采用货到付款的方式，所以尚未到货的原材料并不能计入流动资产，但这些并未到货的原材料会影响企业的经营。将鼠标放置在原材料"在途"标记处，此时将会弹出预定的各种原材料的数量及到货的期限，这样有利于企业对生产线进行合理的调整。

因此，总流动资产为 20M + 18M + 8M + 8M + 4M = 58M。

(2) 总固定资产 42M

在沙盘中总固定资产包括土地和建筑、机器和设备(含在建工程)。

① 土地和建筑

接手企业时，企业拥有一个自主厂房——A 厂房，该厂房价值 32M。

如果企业在经营过程中需要增加新的生产线，而企业拥有的自主厂房又不能满足生产线的建设要求，此时企业可以在 B 厂房或者 C 厂房建设新的生产线，然后在年末的时候购买该厂房。这样企业的固定资产就会增加，B 厂房价值 24M，C 厂房价值 12M。如果企业在年末的时候现金困难，那么可以通过交租金的方法进行，但是此时厂房的资产不计入固定资产，且租金要求每年付一次，B 厂房每年的租金是 3M，C 厂房每年的租金是 2M。

② 机器和设备(含在建工程)

企业创办 3 年来，已购置了 3 条手工生产线和 1 条半自动生产线，扣除生产线每年的折旧费用，目前手工生产线账面价值为 2M，半自动生产线账面价值为 4M，所以手工生产线的价值为 2M × 3 = 6M，机器和设备的价值为 6M + 4M = 10M。

因此，固定资产的总价值为 32M + 10M = 42M。

(3) 总资产 100M

沙盘中企业的总资产为企业的总固定资产与总流动资产之和，即 42M + 58M = 100M。

(4) 负债42M

负债包括长期负债、短期负债及应交税。

① 长期负债40M

企业有40M长期借款，分别于长期借款第4年和第5年到期。沙盘盘面中长期贷款是以年进行统计的。

注意：对长期借款来说，沙盘上的数字代表年度。对短期借款或民间融资来说，沙盘上的数字代表季度。

② 短期贷款0M

企业未进行短期贷款和民间融资，所以企业短期负债为0M。

③ 应交税2M

企业上一年税前利润6M，在沙盘模拟经营中规定应交税在先弥补企业前5年的亏损后，按照税前利润的25%，4舍5入取整交税。现在税前利润是6M，所以应交税为6M×25% =1.5M≈2M，需交纳2M税金。税金在下一年度年初（一进入下一年度时）交纳。

因此，负债为40M+0M+2M=42M。

至此，模拟企业沙盘的初始状态介绍完毕。

任务三　沙盘竞争规则介绍

能力（技能）目标

1. 能够进一步熟悉沙盘的操作。
2. 能够对沙盘中企业的竞争规则有更深入的了解。
3. 能够明白沙盘中各角色的主要任务。

知识目标

1. 进一步了解企业经营的各种规则。
2. 能描述各角色的具体工作任务。

情景简介

各小组成员已经对企业沙盘的模拟经营情况有了初步了解，但是对模拟企业之间如何竞争的规则还不了解。在模拟企业的实际经营过程当中，企业的所有人员对经营规则和沙盘的竞争规则必须烂熟于心，否则在经营过程中就有可能因不熟悉规则而使企业陷入不利的情境之中。

任务分解

1. 企业总裁的相关工作。
2. 企业营销总监相关工作及相关的规则。
3. 企业生产总监相关工作及相关的规则。

4. 企业财务总监相关工作及相关的规则。

任务要求

通过本单元的学习,能够对企业的竞争规则比较熟悉;同时能通过企业沙盘的模拟经营操作进一步深入学习企业经营沙盘的规则,明白自身扮演角色的主要工作任务及相关的规则。

建议教学方法

教师讲授、示范;学生分组学习;学生进行相应的模拟企业经营操作。

建议课时

4 学时。

一、实训目的及内容

通过模拟企业的经营操作,能较好地熟悉企业经营管理沙盘的基本规则,明确企业经营团队中各角色的相关任务和具体工作。

二、实训步骤

主要介绍在模拟企业经营的过程中应该遵循的企业经营规则和竞争规则。

企业的生存和发展离不开市场这个大环境,谁赢得市场,谁就赢得了竞争。市场是瞬息万变的,变化增加了竞争的对抗性和复杂性。而如何赢得市场,不仅仅需要科学地分析市场现状,更重要的是能在熟悉模拟企业经营规则的基础之上,进行相应的操作。

(一) 企业总裁的相关工作

1. 角色名称

CEO(总裁)。

2．岗位职责

制定企业发展的战略规划，主要包括：带领团队共同决定企业发展规划；审核财务状况；听取企业盈利（亏损）状况。

3．企业模拟经营过程中的任务及规则

CEO需要调动小组全体经营者的积极性，协调团体成员的意见，全面把控企业的经营活动，特别是企业面对难以决策的问题时，CEO要组织队员讨论、分析，并拿出最终解决方案。

注意：在企业模拟经营过程中CEO要发挥最大的职能，如果所带领的团队在模拟对抗中意见相左，则由CEO拍板决定。

（二）企业营销总监相关工作

1．角色名称

CSO（营销总监）。

2．岗位职责

开拓市场、稳定企业的现有市场、积极拓展新市场。主要包括：预测市场需求、制订企业的销售计划；通过市场需求分析、竞争对手生产情况分析，合理投放广告；根据企业现有的生产能力和企业产品的库存情况，获取与企业匹配的订单；沟通生产部门需要生产的产品品种和数量，并按时交货；监督货款的回收情况。

3．企业模拟经营过程中的任务及规则

（1）制订广告方案

营销总监根据市场对产品的需求预测情况进行分析，并结合竞争对手产品生产情况和库存情况，分析各种产品在各市场的广告投放情况。每个市场的订单数量是有限的，并不是投放广告后就一定能获得订单的选择机会。

（2）参加订单竞单

规则：沙盘软件根据各个地区各企业广告投放的高低情况进行选单，谁投入的广告费高，谁就有优先选择订单的权利。沙盘中的订单由市场、产品名称、产品数量、单价、订单价值总额、账期、特殊要求等要素构成。

订单上的账期代表客户收货时货款的交付账期，若为0账期，则在企业交货的同时进行现金付款；订单中付款账期最长为4个账期，这时将形成4个季度的应收款，此时代表客户要在企业交付产品的4个季度后才能付款。

如果订单后标注有“加急”字样，则表示该订单要求企业必须在第1季度就交货，如果不能在第1季度交货，企业将要付出该张订单总额的25%（4舍5入取整）作为罚金；而普通的订单可以在当年内任一季度交货。如果企业由于产能不够或其他原因，导致本年度不能交货（加急订单如果在第1季度未能交货，在第1季度就要交罚金，如果第4季度又不能完成交货，那么此时还要交罚金），企业同样要在第4季度结束交货时付出该订单总额的25%（4舍5入取整）作为罚金。企业上交罚金后，已经获得的订单并不会消失，企业下一年度还要完成这些订单的交货，否则下一年还要交罚金。

如果订单标注了“ISO 9000”或“ISO 14000”，那么这些订单要求企业必须取得相应的ISO认证，否则沙盘软件不会让企业获得这些订单。

注意：为了避免给企业造成违约的风险，企业在上一年度关账时就应该计算好下一年企业的产能，在计算产能时，需要注意企业相关原材料是否已经进行了预定，是否能按时到达。特别是企业有柔性生产线时，如果企业能生产多种产品，尽管柔性生产线可以马上转产，但是此时还要考虑企业有无相应的原材料，如果没有相应的原材料，则不能计入产能。

（3）交货给客户

规则：营销总监检查各成品库中的成品数量是否满足客户订单要求，若满足要求，则按照客户订单交付约定数量的产品给客户。如果是加急订单，则必须在第1季度就交货，否则将要付出订单总额的25%（4舍5入取整）作为罚金；如果在本年获得的订单本年没交货，也要付出未进行交货订单总额的25%（4舍5入取整）作为罚金。

注意：如果由于产能计算错误或者原材料预定错误等原因造成企业已经获得的订单不能全部交货，此时必须详细计算违约的情况。在一定要违约的情况下，一般选择订单总额小的订单进行违约，这样需要上交的罚金最少。如果无法完成的产品数量较多，此时还应考虑违约订单的单位产品的定价。通过精确的计算，选择对企业损失最小的情况进行。

（4）市场开拓/ISO资格认证

① 市场开拓

市场开拓是进入市场选择订单的前提，企业要获得该市场中的订单，就必须先完成该市场的全部开拓工作。

市场开拓在每年的年末进行,每年只能进行一次,每次开拓每个市场需要投入1M,可以有选择的不开拓,但是不能加速开拓,具体见表3-1。

表3-1 市场开拓时间和投入

市场	本地市场	区域市场	国内市场	亚洲市场	国际市场
开拓时间	开放	1年	2年	3年	4年
开拓投入	无	1M/年	1M/年	1M/年	1M/年

注意:市场开拓不要求每年连续投入,在资金短缺的情况下可以停止对该市场的开拓投资,但已经付出的投入不能收回;如果在停止开拓一段时间后想继续开拓该市场,可以在以前投入的基础上继续投入。

所有市场可以一次性全部开拓,也可以选择部分市场进行开拓。

企业只有在该市场完全开拓完成之后,才能在下一年度参与该市场的竞单。

② ISO认证

部分订单对ISO认证有一定的要求,如果企业未能达到相应的ISO认证的要求,就不能选择相应的ISO订单。一般ISO订单的利润要高于普通订单。ISO认证的时间及投资总额见表3-2。

表3-2 ISO认证的开发时间及投资总额

ISO 9000认证		ISO 14000认证	
开发时间	2年	开发时间	4年
投资总额	2 M	投资总额	4 M

注意:市场的开拓和ISO认证工作,可以不连续进行。通过市场预测,如果企业缺少资金,部分市场的开拓工作和ISO认证可以推迟进行。

(三)企业生产总监相关工作

1. 角色名称

生产总监COO。

2. 岗位职责

生产计划的制订者和决策者,生产过程的监控者。主要包括:负责企业生产管理工作;协调完成生产计划,控制生产成本;落实生产计划和原材料的调度;保持企业生产的正常运行,及时交货;组织对新产品进行研发,扩充改进生产设备;对企业的产能进行计算,对企业的原材料需求进行计算。

3. 企业模拟经营过程中的任务及规则

（1）产品研发投资

每种新产品的研发至少需要6个季度，每个季度只能研发一次，不能加速研发。

只有在研发完成后才可以进行该种产品的加工生产，该产品没有全部研发完成时不能开工生产（但企业可以提前备料，这样在研发完成的同时，原材料就到货了，正好进行生产；由于沙盘软件在同一个季度是先进行产品的研发，再进行产品的生产，所以产品可以在研发完成的当季度就进行生产）。

企业可以同时研发所有的产品，也可以选择部分产品进行研发。

企业可以在任何时间停止对产品进行研发，但已经付出的投入不能收回。

如果在停止研发一段时间后想继续研发，可以在以前研发的基础上增加投入。

表3-3为各产品研发的周期和费用。

表3-3　各产品研发的周期和费用

产品	P2	P3	P4
时间	1.5年(6Q)	1.5年(6Q)	1.5年(6Q)
投资	6M	12M	18M

（2）更新生产完工入库

将每个正在生产的生产线中的产品向成品库的方向靠近一个周期，如果该生产线的生产周期只有一个季度，那么将会产生新的产品，或将生产线闲置。

（3）完工入库

产品下线后表示产品完工，沙盘软件会自动将产品放置于相应的成品库中。

（4）购买/更新/转产生产线

表3-4为沙盘软件中手工生产线、半自动生产线、全自动生产线及柔性生产线的购买的总价格、生产线的安装时间、每种生产线生产一种产品需要的生产周期、生产线出售可以获得的残值、生产线更换新的产品进行生产需要的变更周期及变更的费用规则。

表 3-4 生产线购买/更新/转产情况

生产线	手工	半自动	全自动	柔性
购买价	5M	8M	16M	24M
安装时间	无	2 个季度	4 个季度	4 个季度
生产周期	3 个季度	2 个季度	1 个季度	1 个季度
出售残值	1M	2M	4M	6M
变更周期	无	1 个季度	2 个季度	无
变更费用	无	1M	4M	无

购买生产线:按照生产线的安装周期投入安装生产线,每个安装周期需要的费用=生产线的购买价÷该生产线的安装周期,当生产线全部安装完成后就可以使用了。

注意:生产线正在安装的时候,沙盘软件在本季度更新生产线之前不能对生产线(包括其他生产线)进行其他操作,此时企业必须有相应的更新生产线的费用。

转产:改变生产线生产产品的类型,转产时根据各种生产线类型的不同,企业可能需要付出相应的转产费用和转产时间。

变卖:将不再使用的生产线卖掉,取得相应收入(残值),此收入沙盘软件会直接放在现金区。

注意:在沙盘软件年末操作的折旧操作前变卖生产线,并不会使该生产线本年度的折旧取消。具体介绍请参考本书的“任务九　企业模拟经营第 3－4 年”中的固定资产清理部分。

(5) 开始新的生产

产品研发完成后,企业就可以按照接受订单进行产品的生产。生产不同的产品需要的原料各不同,图 3-1 为各种产品所用到的原料及数量。

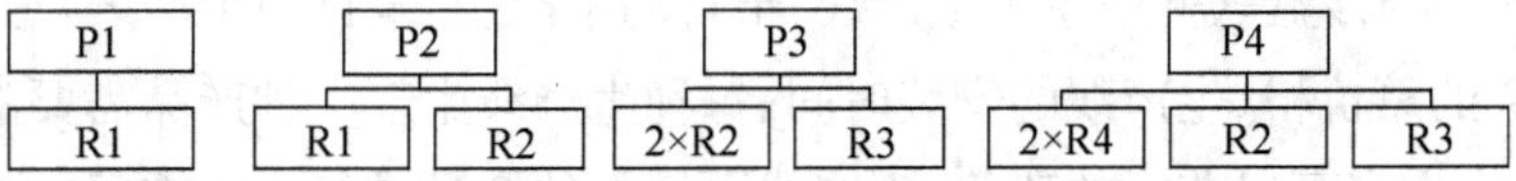

图 3-1　企业产品原材料物料清单

每条生产线同时只能有一个产品在线生产。开始新的生产时需要支付加工费(见表 3-5),不同生产线的生产效率不同,而且生产不同的产品需要支付的加工费也是不相同的。

表 3-5　不同产品不同生产线的加工费

产品＼产品线	手工线	半自动	全自动/柔性
P1	1M	1M	1M
P2	2M	1M	1M
P3	3M	2M	1M
P4	4M	2M	1M

这个任务需要生产总监、采购总监(如果在分组中没有明确采购总监的角色,可以由小组中的其他人员暂代)和财务总监共同来完成。

生产总监需要根据产品的原材料结构情况,结合企业的生产计划,做好原材料的需求计划,并将需求情况反馈给小组成员,小组中其他成员,如采购总监(如无采购总监,可以由其他成员代替),根据生产计划,计算生产需要的原材料,并与生产总监的计算进行核实。这样可以保证企业不会因为缺少原材料而停止生产,导致企业生产线闲置或订单违约,造成不必要的损失。

(6) 支付设备维护费

每条生产线在每年的年末需付 1M 的维护费。如果企业在年末支付设备维护费前将生产线出售,则可以不支付设备维护费。

(7) 接受并支付已定购的货物

货物到达企业时,企业必须照单全收,并按规定支付原料费用,如果一次订购的同一种原材料数量较多,会形成应付账款,沙盘软件会自动将应付的账款计入应付账款处。

原材料的采购与应付账款的设置见表 3-6。

表 3-6　原材料的采购与应付账款设置

原材料采购(每个原料价格 1M)		账期
每次每种原材料采购数量	6 个以下	现金支付
	6 ~ 10 个	1 季度的应付账款
	11 ~ 15 个	2 季度的应付账款
	16 ~ 20 个	3 季度的应付账款
	20 个以上	4 季度的应付账款

(8) 原材料采购计划

原料采购涉及两个环节:签订采购合同和按合同收料。签订采购合同时要注意原材料的运输周期。R1 和 R2 原材料的运输时间需要一个季度,而 R3 和 R4 的运输时间需要两个季度。所以如果本季度需要 R1 和 R2 原材料,那么上个季度就必须采购相应的原材料,如果本季度需要 R3 和 R4 原材料,那么上上个季度就必须采购相应的原材料,这样才会保证原材料的正常到货。

(四) 企业财务总监相关工作

1. 角色名称

财务总监 CFO。

2. 岗位职责

筹集和管理企业的资金。主要包括:做好企业的现金预算,管好、用好企业资金;支付各项费用,核算企业成本;核算企业经营成果,做好财务分析;对企业经营的成本数据进行分类和分析。

3. 沙盘企业模拟经营过程中的任务及规则

(1) 支付税金

企业所得税是对企业在一定时期内的纯收入(净收入)征收的税种。沙盘软件会先弥补企业前 5 年的亏损,然后按照企业当年税前利润的 25%,4 舍 5 入取整交税。

(2) 短期贷款/支付利息

① 更新短期贷款

如果企业有短期贷款,沙盘软件会自动将贷款期限向前移动一格。当贷款的期限移动到 1 个账期时,就表示短期贷款将在下个季度到期。此时企业一进入下个季度就必须马上付出到期的短期贷款和利息,所以企业在每次进入下一季度前均要注意是不是下个季度短期贷款就到期。

② 还本付息

短期贷款的还款规则是利随本清。短期贷款到期时,每 20M 的短期贷款需要支付 20M × 5% = 1M 的利息,因此,本金与利息共需支付 21M。沙盘软件会直接从企业的现金库中取出现金用于支付。

③ 获得新贷款

在本沙盘中短期贷款可以在全年任何时间申请。短期贷款的申请额度 = 上一年企业的所有者权益×2－企业已有短期贷款值。

④ 民间融资

企业随时可以申请民间融资，民间融资的贷款额度规定与短期贷款一样。民间融资的管理与短期贷款一样，但是民间融资的利率比短期贷款要高。

表3-7给出了本沙盘中企业融资的具体情况。

表3-7　企业融资情况

融资方式	贷款时间	贷款额度	还贷规定	利率
长期贷款	每年年末	上一年所有者权益的两倍－已贷长期贷款	年底付息，到期还本	10%
短期贷款	任何时间	上一年所有者权益的两倍－已贷短期贷款	到期一次还本付息	5%
民间融资	任何时间	上一年所有者权益的两倍－已贷民间融资	到期一次还本付息	15%
应收贴现	任何时间	根据应收账款额度按7:6的比例	贴现时付息	16.67%

长期贷款是企业贷款20M，年利息为20M×10%＝2M，一共要付出6年，累计需要付出利息2M×6＝12M。尽管实际付出的利息远高于短期贷款，但是企业短期贷款额度有限，特别是企业在投入大量的资金用于生产线的建设和厂房的购买时，有必要进行长期贷款，这样有利于企业的长远发展。

短期贷款是企业付出21M，但是得到20M，年利率是(21－20)÷20＝5%。

民间融资是企业付出23M，但是得到20M，年利率是(23－20)÷20＝15%。

贴现是企业付出7M，但是得到6M，贴出的资金时间不超过1年，所以利率大于(7－6)÷6＝16.67%。因此，尽量不要贴现。

无论是长期贷款、短期贷款还是民间融资，均以20M为基本贷款单位。长期贷款的最长期限为6年，短期贷款及民间融资期限为1年，贷款到期后返还本金。对于利息的支付，短期贷款和民间融资需要在返还本金时支付利息，而长期贷款则每年均需要支付。

(3) 更新应收账款/归还应付账款

如果企业有应付款，沙盘软件会自动将应付款账期向前推进1个季度。如果应付款在推进更新之前已经为1个账期，那么沙盘软件将在本季度更新应付款时自动从现金库中取相应的现金用于支付应付款。

贴现是将应收账款变成现金的操作，应收款贴现可以随时进行，沙盘软件按

7的倍数将应收账款进行套现,其中每7M需要支付1M作为贴现费用,剩余的6M现金将直接放入现金区。应收账款贴现时会从账期长的开始贴起,贴现的贴现费用将直接降低企业的所有者权益,但是当企业在经营过程中刚好差6M而企业又不能进行短期贷款,只能进行民间融资,并且企业只要交付了短期贷款费用,马上就有短期贷款额度时,企业可以通过贴现7M来套取6M的现金,这样将避免企业进行民间融资,而在短期贷款还款后,又可以通过短期贷款获取现金。这样的操作可以比民间融资节约1M的费用。

(4) 支付行政管理费

行政管理费用是企业为了维持运营发放的管理人员工资、差旅费、招待费等。按沙盘规则,企业每个季度需要支付1M的行政管理费。

(5) 长期贷款

① 更新长期贷款

如果企业有长期贷款,通过更新长期贷款操作,所有贷款的长期贷款账期将向前方移动,当移至1年时,表示长期贷款下一年到期,需要在下一年开始还款。

② 支付利息

长期贷款的还款规则是每年付息,到期还本,年利率为10%。每年年末按所有长期贷款的金额总和的10%支付利息。

③ 申请长期贷款

长期贷款只有在年末才可以申请。长期贷款的额度=上一年企业所有者权益×2-企业已有长期贷款值。

(6) 购买(或租赁)厂房

沙盘盘面上设置了A、B、C三种厂房,A厂房可以容纳4条生产线,B厂房可以容纳3条生产线,C厂房可以容纳1条生产线,用于模拟企业的生产线的建设。

厂房的购买和租赁的价格及规模说明见表3-8。

沙盘中的A厂房为企业原来的自主厂房,如果本年在C厂房中安装了生产线,此时要决定C厂房是购买还是租赁,如果购买,则需要支付12M的费用;如果租赁,则需要支付2M的费用,而且以后每年均需要支付,直至购买C厂房。

厂房是选择租赁还是购买更符合企业的发展,请参考本书中的“任务六 每年年末工作”进一步学习。

表 3-8　厂房的购买和租赁价格及规模说明

厂房	A 厂房	B 厂房	C 厂房
价值	32M	24M	12M
租金/年	4M	3M	2M
售价	32M	24M	12M
生产线	4 条	3 条	1 条

（7）折旧

规则：厂房不进行折旧，生产线按余额递减法计提折旧，在建工程及当年新建完成的生产线不进行折旧。折旧费用 = 生产线价值 ÷ 3（4 舍 5 入，当生产线价值不足 3 时，取 1；当生产线价值为 0 时，不折旧）。

注意：生产线的折旧费用尽管不从企业的账面上扣除现金，但是折旧费用直接扣除企业的所有者权益，直接降低企业的权益。这将直接影响企业下一年度各项贷款的额度。

说明：

① 在本沙盘软件中，根据软件的设置，默认厂房不进行折旧。

② 在企业经营过程中，厂房可以随时使用，企业在年底再决定是否购买所用的厂房。如果决定购买，则支付相应的现金；如果决定不购买，则必须支付相应的租金，支付的租金不考虑厂房开始使用的时间，只要在年底时厂房不归企业拥有，则企业必须支付全年的租金。

③ 企业所有的厂房可随时按购买价值出售，这样企业可以得到与购买厂房价值相等的现金。但是不能出售有生产线的自有厂房，如果要出售生产线，则只能出售不在进行生产的生产线。

（8）关账

企业经过一年的经营，年终要进行一次“盘点”工作，需要编制“损益表”和“资产负债表”。

有关“损益表”和“资产负债表”请参考本书的“任务九　企业模拟经营第 3 - 4 年”进一步学习。

在报表做好之后，CEO 应该组织企业所有人员对本年度的工作进行总结和分析，分析本年度工作的得失。同时，企业要做好市场预测的分析，计算企业下一年度的产能，并结合企业下一年度的产能制定广告预算。

任务四　每年年初工作

能力（技能）目标

1. 能够初步熟悉企业广告投放的策略。
2. 能根据企业的现状选择合理的订单。
3. 能通过竞单情况初步分析出企业竞争对手的相关信息。

知识目标

1. 能对市场产品的需求进行分析。
2. 能对订单的价值进行判断。
3. 能初步进行竞争对手的分析。

情景简介

学生已经组成了各个团队，并对模拟企业进行经营。作为一个企业，每年的年初均有 4 项工作要操作，具体包括支付应交税、计划新的一年、制订广告方案和参加订单竞单。这些操作将对企业的发展产生深远的影响。

现在小组接手该企业，如何根据各成员的职责，做好年初的各项工作，就是企业面对的首要问题。

任务分解

1. 支付应交税。

2. 计划新的一年。

3. 制订广告方案。

4. 参加订单竞单。

任务要求

能够支付企业应交税，同时能根据企业的现状计划新的一年，并通过分析市场需求和竞争对手的数据制订合理的广告方案，选择合适的订单，能通过竞单的过程，初步分析企业竞争对手的经营状况。

建议教学方法

教师讲授、示范；学生分组学习；学生模拟经营沙盘进行相应的操作。

建议课时

1 学时。

一、实训目的及内容

能够根据市场的需求和企业自身的经营现状进行广告策略的制定，并能通过竞单选择合适的订单，同时能根据竞单的情况分析竞争对手的广告投放值及竞争对手的产品策略。

二、实训步骤

在沙盘右侧有任务清单，当任务清单前的小圆圈变绿，就表示该项任务已经操作完成。一般处于任务清单上面的任务没有完成，沙盘软件就不能操作下面的任务，且部分任务操作后就不能在本季度再去操作，所以在经营模拟企业时每一步操作均需要相当谨慎。

年初工作的任务主要有 4 项，具体包括“支付应交税”“计划新的一年”“制订广告方案”和“参加订单竞单”，如图 4-1 所示。

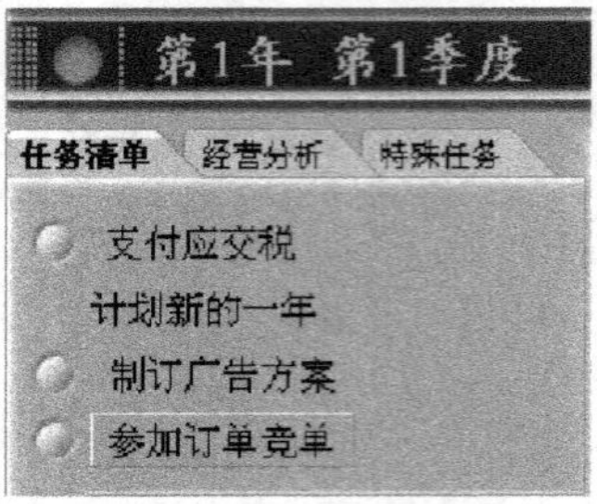

图4-1　年初的4项基本工作

（一）支付应交税

支付应交税：依法纳税是每个企业及公民的义务。模拟沙盘中规定的规则为先弥补企业前5年的亏损，然后按照税前利润的25%（4舍5入取整）交税。

根据沙盘的规则，企业需要先查看前5年的经营情况，具体方法可以在资产负债表中进行查询，对于第1年接手的企业，只要查看企业上一年的净利润即可。而本软件实际只运行6年（如果有兴趣也可以继续运营，但沙盘运行到了后期，各企业资金基本都比较充足，此时继续经营沙盘，就失去了竞争对抗的乐趣），小组成员接手企业时，原有的权益是58M，第1年企业经营基本不赚钱，所以以后只要企业的权益超过了58M，并且相对前一年净利润为正，就要在下一年的年初支付相应的税费。

接手企业时，根据财务报表，上一年的税前利润为6M，6M ÷ 4 = 1.5M，4舍5入，所以本年度需要取2M用于应交税的支付。

单击沙盘右侧操作流程的“支付应交税”，沙盘软件会自动根据上一年的税前利润进行计算，并让企业进行应交税的上交。

学生应学会应交税的计算，从而有助于财务总监在尚未进入下一年度时进行财务预算，判断企业本年度要不要贷款及贷多少款。

图4-2所示为支付应交税的操作截图。

有关“支付应交税”更详细的计算，请参考“任务九　企业模拟经营第3-4年”的“损益表”中的“所得税”，进行更进一步的学习。

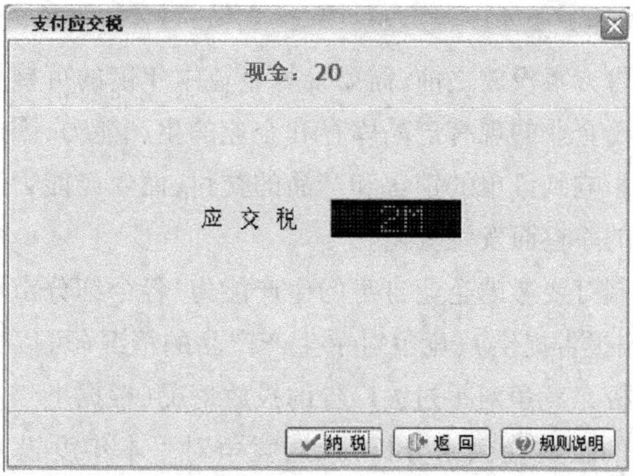

图 4-2　支付应交税界面

（二）计划新的一年

在新的一年开始之际，企业管理团队需要制定企业的发展战略，做出合适的经营规划（研发何种产品、何时研发等问题）、设备投资规划（建什么生产线、何时建、建在何处等问题）、营销策划方案（制订广告投放的方案（此项一般在上一年末就已经完成），并预判自己第几个选取订单）等。具体来讲，需要进行销售预算和可承诺的产品销售量的计算，以及计算年终企业所有者权益。

预算是企业经营决策和长期投资决策目标的一种数量表现，即通过有关的数据将企业全部经济活动的各项目标具体地、系统地反映出来。销售预算是编制预算的关键和起点，主要是对本年度要达成的销售目标的预测，销售预算的内容是产品的销售数量、销售单价和销售总收入等。

企业计算年终所有者权益：在年初时就能预判出企业的年终所有者权益，特别是在企业获得相应的订单之后，就能准确计算出企业年终的所有者权益。在企业发展规划的要求和指导之下，财务总监在年初时就要和营销总监、生产总监进行沟通，并计算出企业年终的所有者权益。具体计算方法如下：

年终的企业所有者权益 = 年初的企业所有者权益 - 广告费 - 本年度交付的短期贷款利息（含短期贷款和民间融资）- 本年度交付的长期贷款利息 - 产品研发费 - 生产线折旧费 -4 个季度的行政管理费 - 各种损失（变卖生产线、转产生产线、订单违约费、贴现）- 设备维修费（每年非当年建设完成的生产线要支付 1M 的维修费）- 市场开拓费及 ISO 资格认证费用 - 订单产品的成本 + 订单总收入。

（三）制订广告方案

企业参加广告方案投放之前，需要计算企业本年度的可接单量。企业的可接单量主要取决于企业的现有产品库存和企业的生产能力，因此企业产能计算的准确性将直接影响到订单的销售和产品的交付，而生产能力又会因为生产线的变更和原材料的库存而发生变化。

广告方案的制订要考虑企业自身的生产能力、各个细分市场产品的利润情况（由市场的预测报告提供）、竞争对手生产产品的情况（可以根据上年各企业竞单的顺序来分析）、竞争对手过去广告的投放情况（根据上年竞单的顺序结合本企业上年广告的投放金额来分析）及对竞争对手本年度投入广告值的预判（根据竞争对手的生产产品类型和产能及库存情况来分析）等。

企业需要综合这些情况之后再制定相关的广告策略，特别要考虑当投入高额的广告费时，虽然企业可能能够选取最符合自己需求的订单，但实际情况是企业可能已经属于亏损的状态。

一般在企业经营时，第 1 年的广告费用于尝试并作为企业以后进行竞争对手分析的基础。

注意：制订广告方案时要综合考虑企业的生产能力、库存情况及市场需求和竞争对手的情况。沙盘软件的规则是：在同样金额广告费的前提下，越早提交广告费用的企业，将优先进行订单的选单，这样就要求企业经营者必须在进入下一年度之前就对影响广告方案的因素进行分析，从而在教师控制端一旦允许模拟企业进入下一年度时，企业马上就完成广告投入，争取优先进行订单的选择。

单击沙盘右侧的“制订广告方案”就可以进入广告投放的界面，具体如图 4-3 所示。

在广告投入时，只需要在相应的市场下面双击，并输入投入的广告金额就可以单击下方的“提交”按钮。

切记：只有单击了“提交”按钮，才表示广告方案已经提交。同时，一定要避免因沙盘操盘手匆匆忙忙地操作，而不核对投入广告金额是否在相应的市场和相应的产品，否则企业的损失就会非常惨重。

注意：在不同的市场下同一产品的利润情况各不相同，软件给出了各个产品在不同年份所有市场的总需求情况和平均价格情况。

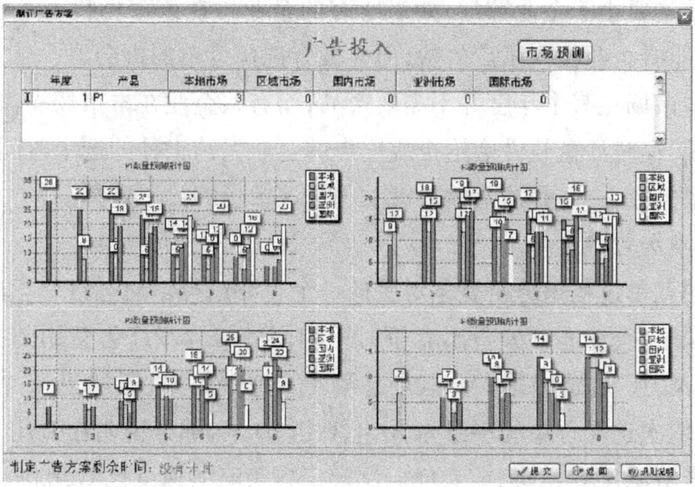

图 4-3　广告投入界面

单击“制订广告方案”对话框上的“市场预测”按钮，显示如图 4-4 所示的市场预测界面，可以分析具体每个市场对每种产品的需求数量和平均价格。

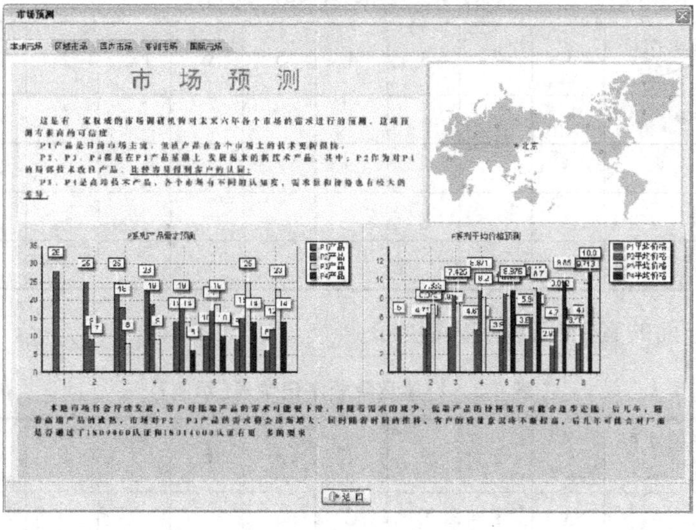

图 4-4　市场预测界面

市场预测给出了每个市场需求各种产品的数量和平均价格，有经验的团队甚至可以记住每个市场中各产品在每个年份的订单情况。

注意：企业并不是在市场中投入了广告就一定能获得订单。绝大部分市场中的订单数量要小于企业数量，如果所有的企业均在该市场投入了该产品的广告，就有可能有企业投入了广告费，但并没有选择订单的机会。

也有些市场在某个年度并不需要产品，而有些企业在本市场操作失误，投入了广告费用，这时沙盘软件会给投放广告的企业大约 1 秒的选单时间，但由于市场没有订单的存在，于是沙盘软件就关闭了该市场的订单选择。

（四）参加订单竞单

订单的竞单过程是分析竞争对手的一个重要途径。通过订单竞单时竞争对手的选单顺序，企业能够分析出竞争对手的产品结构和广告费用的投入值。比如，C 组投入的广告费用是 2M，但是是第 4 个选择订单，通过记录，在 C 组选择订单之前，依次选择订单的小组为 A 组、E 组、D 组，那么说明在 C 组之前有 3 组投入的广告费用比 C 组多，或者他们制定广告策略的速度比 C 组快。

每组的营销总监均应该记录下所有产品的订单竞单顺序情况和选择订单的情况，用于将来的分析（如果营销总监来不及记录，团队可以安排一名其他同学帮忙记录）。可以将选择订单的顺序记入表 4-1 中。

表 4-1　订单竞单顺序记录表

选单次序 / 产品	1	2	3	4	5	6	7	8	9	10
P1										
P2										
P3										
P4										

针对上面的案例，可以填入表 4-2。

表 4-2　订单竞单顺序记录表（示例）

选单次序 / 产品	1	2	3	4	5	6	7	8	9	10
P1	A	E	D	C						

因为 C 组投入的广告费用是 2M，所以 A 组、E 组、D 组的广告费用可能依次为 5M，4M，3M 或其他情况，但至少都大于等于 2M。通过分析，C 组就能明确下次投入的广告费用可以是 6M，这样获得订单的情况可能相对比较理想。

当企业经营到后期时，可能同时有多个产品在多个市场同时进行选择，这时就需要小组的其他成员进行协调分工，尽量记录下每种产品在每个市场的选单次序，从而为将来企业的战略制定做准备工作。

注意：订单竞单时要综合考虑企业的生产能力、库存情况、ISO 研发情况、竞争对手的产能等情况。企业在操作时应该避免获取无法完成的订单，因为一旦企业选择的订单无法完成，违约的订单就需要交该订单总价值的 25% 作为罚金，所以企业尽量不要违约。

在竞单时，按照各企业在各产品所在的各个市场投入广告费用的多少，从高到低进行排序，依次进行订单的选择。具体操作如图 4-5 所示。

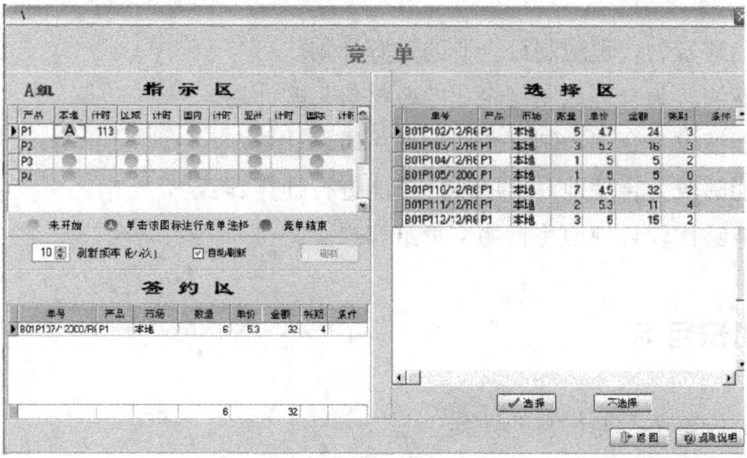

图 4-5　企业参加竞单界面

当“指示区”中出现自己小组的名字时，表示本组可以进行订单的选择，此时可以单击“选择区”中自己小组的名字，从而在“选择区”进行订单的选择。选择好的订单在“签约区”可以查看，方便企业营销人员及时计算各产品已有的产品数量，从而便于企业随时调整是否更换不同产品类型进行竞单。

如果在“指示区”中轮到企业选择订单，而企业决定该产品不在该市场进行选单，则可以单击“选择区”下方的“不选择”按钮，放弃该产品在该市场本轮订单的选择，从而加快订单的选择速度。当在某一轮次，所有的企业均不选择订单时（或者已经结束了），该产品在该市场的选单就会关闭。

任务五　每季度工作

能力(技能)目标

1. 能够较为合理地制订企业的融资计划。
2. 能够较为合理地制订企业的原材料采购计划。
3. 能够较为合理地制订企业的产品研发计划。
4. 能够较为合理地对生产线的产能进行计算、调整等操作。
5. 能够比较合理地将货物交货给客户。

知识目标

1. 能进行生产原材料的计算。
2. 能初步进行各种融资成本的计算。

情景简介

经过一段时间的经营,小组已经获得市场上部分订单,现在企业可能要扩大生产、对新产品进行研发等,但是企业的现金流并不充足。面对这样的情况,如何操作才是最科学的?进行产品生产需要各种原材料,如何计算各种原材料需要的数量?企业原有生产线相对落后,产能低下,这些生产线占据着企业厂房的空间,企业应该如何对这些生产线进行调整?

这些问题均是企业面临的主要问题,需要小组各成员通力合作。只有解决好以上问题,企业才能长久发展。

任务分解

1. 制订企业的融资计划。
2. 制订好企业的原材料采购计划。
3. 对生产线进行生产、调整。

任务要求

小组能够为企业选择合理的融资方式和融资额；能针对企业生产线的正常生产需要的原材料进行计算，并进行原材料的预定；能够对企业现有的生产线进行合理的调整，并能针对现有的生产线正确计算出企业现有的产能情况；能够选择合适的订单交货给客户。

建议教学方法

教师讲授、示范；学生分组学习；学生操作沙盘软件进行相应经营活动。

建议课时

3 学时。

一、实训目的及内容

企业总裁能初步把控企业经营的各个方面；财务总监能选择合理的融资渠道进行融资，并做好资金计划；生产总监能初步进行合理的原材料预定，建设合适的生产线，并进行企业产能的计算；营销总监要提供竞争对手的产品策略和市场需求情况，以便生产总监进行合适的产品研发和生产线的建设。

二、实训步骤

在企业的经营过程中，每个季度均需要对企业进行如图 5-1 所示的操作。

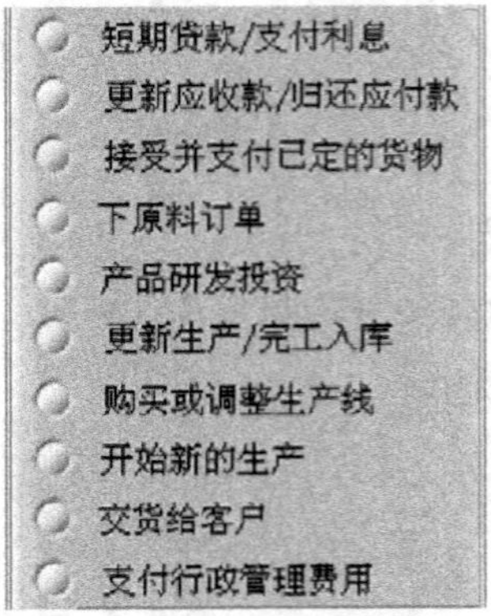

图 5-1　每季度具体工作

一年有 4 个季度，所以每季工作需要每年操作 4 次。每次操作时，都需要结合企业的现状及竞争对手的现状和市场需求去分析，妥善完成每一项操作。

（一）短期贷款/支付利息

在贷款前，要先进行季初现金盘点，一般企业不缺钱就不需要马上进行短期贷款。但是在进入下一季度或下一年度之前，财务总监一定要对企业现金及短期贷款、应交税、广告预算等进行审核，判断企业的现有现金是否充足，是否需要贷款。

1. 短期贷款

（1）更新短期贷款

单击沙盘右侧“任务清单”中的“短期贷款/支付利息”，弹出“更新短期贷款/支付利息/获得新的贷款”对话框，在对话框中单击“确定”按钮，如果过去有进行短期贷款，这时短期贷款的还贷款的时间就会向前移动一个季度。

注意：如果要进行短期贷款的其他操作，需要先进行短期贷款的更新操作，然后才可以进行短期贷款等相关操作。

具体操作如图 5-2 所示。

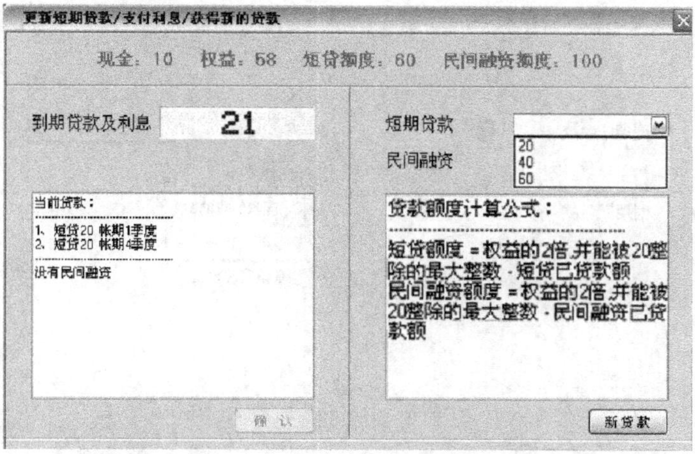

图 5-2　“更新短期贷款/支付利息/获得新的贷款”操作界面

(2) 还本付息

短期贷款和民间融资的还款规则均是利随本清。短期贷款到期时，每 20M 的短期贷款需要支付 20M × 5% = 1M 的利息，因此需要支付的本金与利息共计 21M。民间融资到期时，每 20M 的民间融资需要支付 20M × 15% = 3M 的利息，因此需要支付的本金与利息共计 23M。

单击对话框中的“确定”按钮，系统将会自动扣除企业的现金，相应的支付现金会计入“损益表”的“财务收入/支出”项目中。

(3) 申请短期贷款

企业随时可以进行短期贷款的申请，可以申请的最高额度为：上一年企业关账时的所有者权益 ×2（此数值以内的 20 的最大整数倍）－企业已有的短期贷款值。

2. 民间融资

在更新短期贷款之后，企业就可以随时进行民间融资了，民间融资申请的最高额度为：上一年企业关账时的所有者权益 ×2（此数值以内的 20 的最大整数倍）－企业已有的民间融资值。

(二) 更新应收款/归还应付款

单击沙盘右侧“任务清单”中的“更新应收款/归还应付款”，弹出“更新应收款/更新应付款”对话框，具体操作如图 5-3 所示。

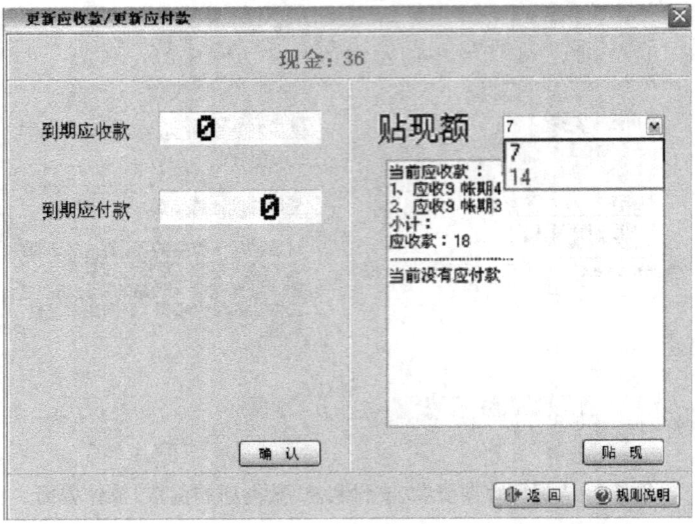

图 5-3 “更新应收款/归还应付款”操作界面

1. 更新应收款/归还应付款

在图 5-3 中可以进行应收款和应付款的相关操作。其中,要先单击“确认”按钮,以改变沙盘盘面上的应收款和应付款的到款和还款时期,如果款项已经到期,这时系统将自动对企业的现金进行操作。

2. 贴现

在企业资金极度紧张时,企业也可以通过贴现的方式进行融资。贴现是一种相对不利于企业发展的融资方式。贴现是指远期汇票经承兑后,汇票持有人在汇票尚未到期前在贴现市场上转让,受让人扣除贴现息后将票款付给出让人的行为或银行购买未到期票据的业务。

在企业经营管理沙盘中,由于大部分订单均有账期,当企业将商品交给客户后并不能马上获得现金,而企业又正好缺少资金,并且企业已经没有贷款额度时,企业就可以通过贴现来获取现金。一般贴现需要付出应收款中的 7M 而只能获得 6M,贴现金额为 7M 的整数倍。当在“更新应收款/归还应付款”对话框中进行贴现操作时,沙盘软件会自动对账期最长的应收款进行贴现。值得注意的是,贴现的成本相对较高,如无必要,不建议进行贴现操作。在本年度结账的得分规则中,如果企业本年度进行了贴现,则得分相对低一些。

有关企业经营沙盘最终得分的学习,请参考“任务十　企业模拟经营第 5 –

6 年”中“ITMC 企业经营管理沙盘得分规则”。

（三）接受并支付已定的货物

当供应商发出的原材料订货运抵企业时，企业必须无条件地接受货物并按规则支付相应的款项，否则企业作为破产处理。

单击沙盘右侧“任务清单”中的“接受并支付已定的货物”，弹出“接受并支付已定的货物”对话框，如图 5-4 所示。

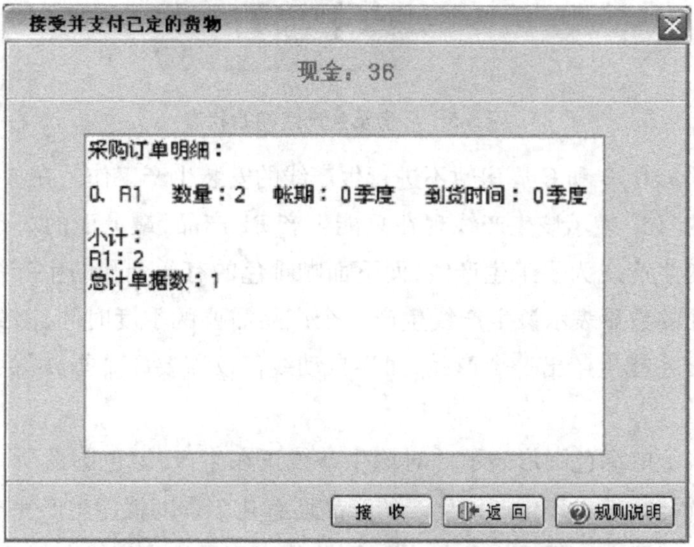

图 5-4　“接受并支付已定的货物”操作界面

单击“接收”按钮，沙盘软件会自动在沙盘盘面上进行现金的扣除操作，其中所有原材料每个均为 1M。如果订购的同一种原材料是大批量采购的（同一种原材料一次采购的数量大于 5 个），则沙盘软件会自动在沙盘盘面上进行应付款的标记操作，系统同时会将已经到货的原材料放置到原材料库存中。

有关原材料采购的账期问题，请参考本书的“任务三　沙盘竞争规则介绍”中的“（三）企业生产总监相关工作”进一步学习。

（四）下原料订单

如何使得采购的原材料正好是本季度生产需要的数量，这就需要结合生产线对原材料的需求，对生产的 4 种产品的原材料数量进行精确的计算，这样做可以避免企业囤积原材料导致企业现金短缺。当然，如果是考虑到原材料的账期而进行原材料的大量预定也是可以的。

以沙盘的初始状态为例进行计算，图5-5所示是沙盘中生产线的初始状态。

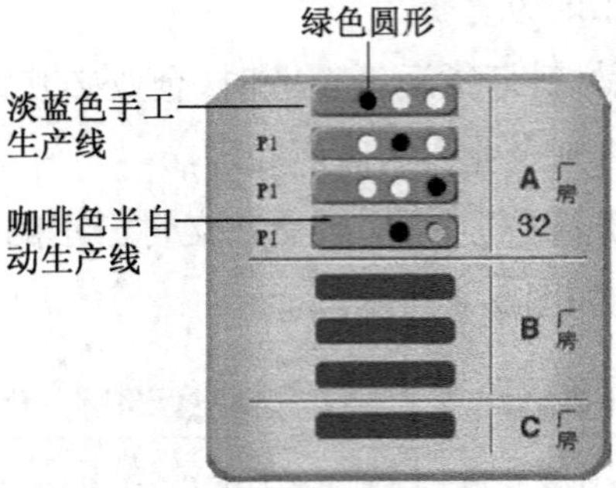

图5-5 厂房及生产线初始状态

在图5-5中，B和C厂房暂不进行生产线的安装生产工作。在A厂房中，生产线前面的“P1”表示该生产线现在只能生产P1产品，最上面的3条浅蓝色的有3个孔的生产线为手工生产线，而下面咖啡色的有2个孔的生产线为半自动生产线。孔的数量表示该生产线生产一个产品需要的季度时间，因此手工线需要3个季度才能生产出一个产品，而半自动线仅仅需要2个季度就可以生产出一个产品。

生产线上的绿色圆形表示此时该生产线正在生产，绿色圆形所在的位置后面的空置圆孔数表示该生产线生产的产品还有几个季度就能生产完成。

比如对于图5-6所示的半自动生产线，绿点表示该生产线上的P1产品如果正常生产，则需要等到下下个季度才能生产出来(这条生产线在本季度已经更新过)。以此图为例，如果生产线上的成品出来了，企业就继续生产，那么可以计算本年度能生产出来的成品数量，同时也能计算出企业何时需要原材料、要什么原材料、要多少原材料。

图5-6 生产线生产进度示意图

根据本书中的“任务三 沙盘竞争规则介绍”规则，每生产一个P1产品需要一个R1原材料。

下面以接手企业的盘面为依据，利用原有的生产线进行生产，通过此案例进行分析。

1. 第 1 季度沙盘运营时

如图 5-7 和图 5-8 所示，在第 1 季度生产线更新后，第 3 条手工生产线生产出 1 个 P1 成品，如果这条生产线继续新的生产，就需要 1 个生产 P1 产品的原材料，即 1 个 R1 原材料进行新的生产。

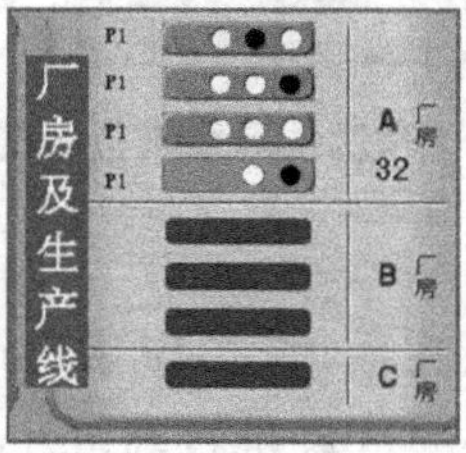

图 5-7　第 1 季度生产线更新后

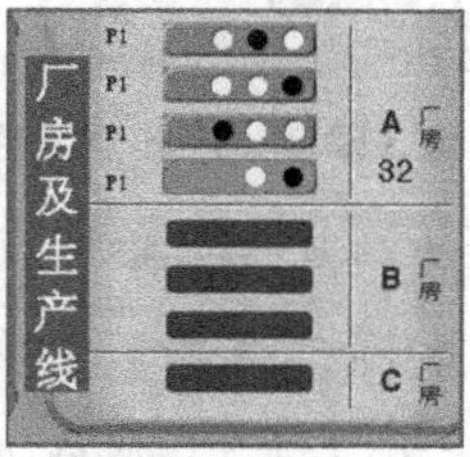

图 5-8　第 1 季度生产线进行新的生产

2. 第 2 季度沙盘运营时

如图 5-9 和图 5-10 所示，在第 2 季度生产线更新后，第 2 条手工生产线和第 4 条半自动生产线各生产出 1 个 P1 成品，如果这 2 条生产线继续进行新的生产，这时就需要 2 个生产 P1 产品的原材料，即 2 个 R1 原材料进行继续生产。

因此，截至第 2 季度结束，共生产出 1 + 2 = 3 个 P1 成品，共需要 1 + 2 = 3 个 R1 原材料。

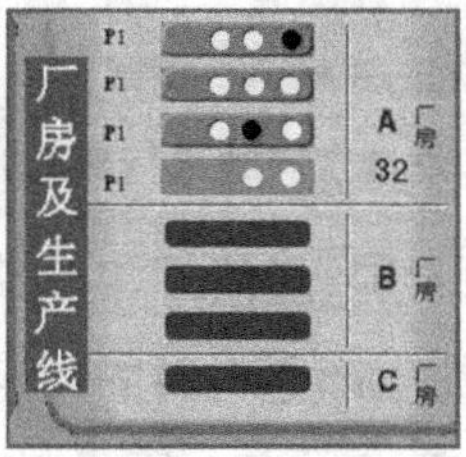

图 5-9　第 2 季度生产线更新后

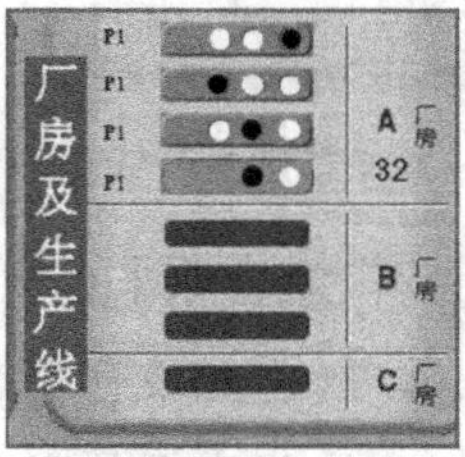

图 5-10　第 2 季度生产线进行新的生产

3. 第 3 季度沙盘运营时

如图 5-11 和图 5-12 所示，在第 3 季度生产线更新后，第 1 条手工生产线生产出 1 个 P1 成品，如果这条生产线继续新的生产，这时就需要 1 个生产 P1 的原材料，即 1 个 R1 原材料继续生产。

因此，截至第 3 季度结束，共生产出 3 + 1 = 4 个 P1 成品，共需要 3 + 1 = 4 个 R1 原材料。

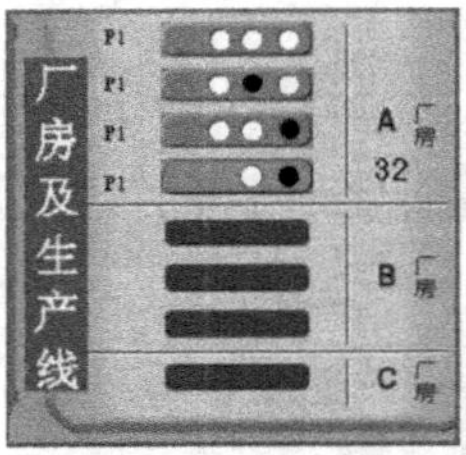

图 5-11　第 3 季度生产线更新后

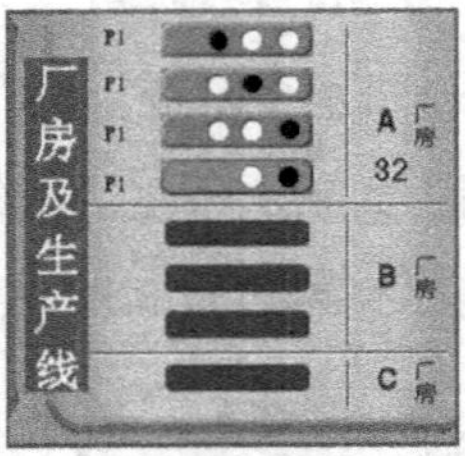

图 5-12　第 3 季度生产线进行新的生产

4. 第 4 季度沙盘运营时

如图 5-13 和图 5-14 所示，在第 4 季度生产线更新后，第 3 条生产线和第 4 条生产线各生产出 1 个 P1 成品，如果这 2 条生产线继续进行新的生产，这时就需要 2 个生产 P1 产品的原材料，即 2 个 R1 原材料进行继续生产。

因此，截至第 4 季度结束，共生产出 4 + 2 = 6 个 P1 成品，共需要 4 + 2 = 6 个 R1 原材料。

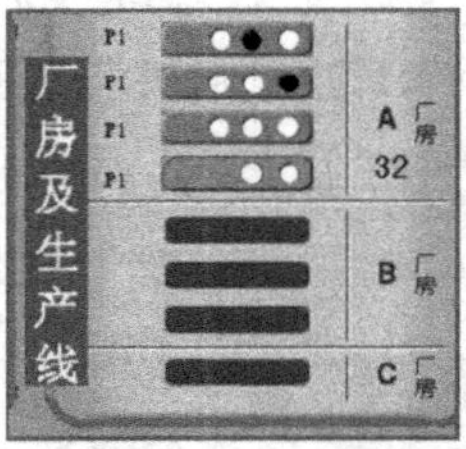

图 5-13　第 4 季度生产线更新

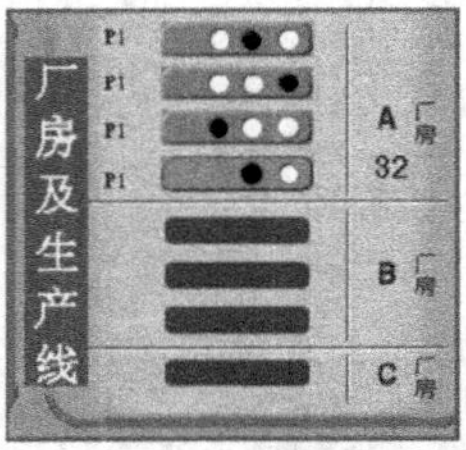

图 5-14　第 4 季度生产线进行新的生产

通过以上计算，结合原来企业库存中的 4 个原材料，显然本年度只需要预定 2 个 R1 原材料即可（此处没有考虑下一年度需要的生产原材料的预定）。R1 原材料必须提前一个季度进行预定，并且第 4 季度需要 2 个 R1 原材料，在此之前均不需要采购原材料，只需要在第 3 季度预定第 4 季度需要的 2 个 R1 原材料即可。这样在第 4 季度，这 2 个 R1 原材料到货后，刚好进行新的生产，从而可以避免企业将资金堆积到原材料的库存处。

在实际企业经营过程中，一旦手工生产线上的产品生产出来，一般就再也不会使用这类生产线进行生产了，企业一般将其变卖，并建设新的每季度能生产一个成品的全自动或柔性生产线。同时，对于原材料的采购，R1 和 R2 原材料需要提前 1 个季度进行计算，R3 和 R4 原材料需要提前 2 个季度进行计算，这样可以保证企业原材料库存数量最低，从而降低企业的经营成本。

生产总监或采购总监根据年初制订的采购计划,决定企业需要采购的原料品种及数量,单击沙盘右侧“任务清单”中的“下原料订单”,此时会弹出如图 5-15 所示的对话框。

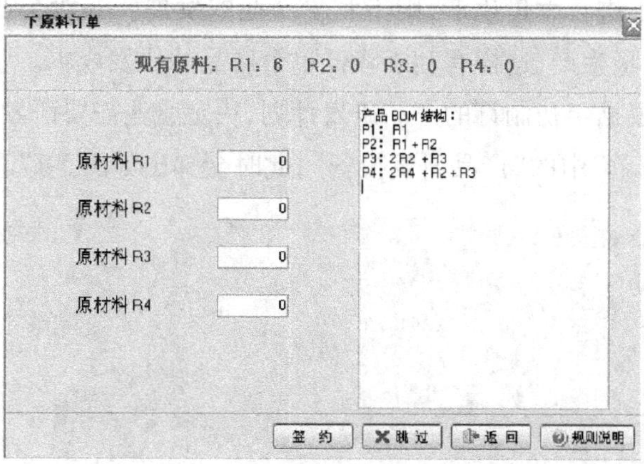

图 5-15 “下原料订单”操作界面

如果本季度需要预定下个季度的原材料(R1 和 R2)或者下下个季度的原材料(R3 和 R4),只需要在图 5-15 所示界面中填入原材料的数量,并单击“签约”按钮,系统会自动在沙盘盘面上进行原材料的预定。如果本季度不需要进行原材料的预定工作,则单击“跳过”按钮。

注意:在图 5-15 中可以进行原材料的预定,但是各种材料的到达时间周期是不一样的,R1 和 R2 原材料只需要提前 1 个季度预定,R3 和 R4 原材料则需要提前 2 个季度进行预定。这就要求生产总监做好预算:企业生产什么产品,需要多少原材料,什么时候进行原材料的采购。

同时,一旦单击“跳过”或者“签约”按钮,就不能再次进行原材料的预定工作,所以一定要计算好,认真核对后,才可以进行相应的操作。

提醒:在沙盘弹出的各个对话框右下角均有“规则说明”按钮,在操作时如果突然忘记了经营的规则,可以单击查看。图 5-16 就是单击“下原料订单”对话框中的“规则说明”按钮所提醒的规则。

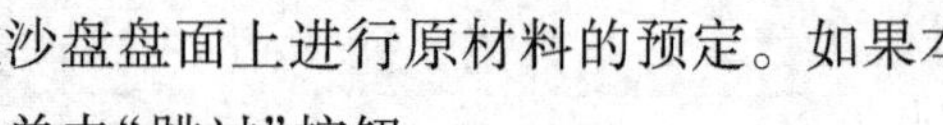

图 5-16 “规则说明”中的提示说明

（五）产品研发投资

根据年初的工作规划，特别是通过订单环节，分析竞争对手的经营情况后，企业可以确定产品的研发工作。新的产品利润高、企业选择面广，但是如果企业研发了产品而不进行大量生产，则不利于企业的发展。一般企业在研发了产品后，马上进行大量生产，这样有利于降低单个产品的研发成本。

生产总监根据年初制订的产品研发计划，决定企业需要研发的产品，单击沙盘右侧"任务清单"中的"产品研发投资"，此时会弹出如图5-17所示的对话框。

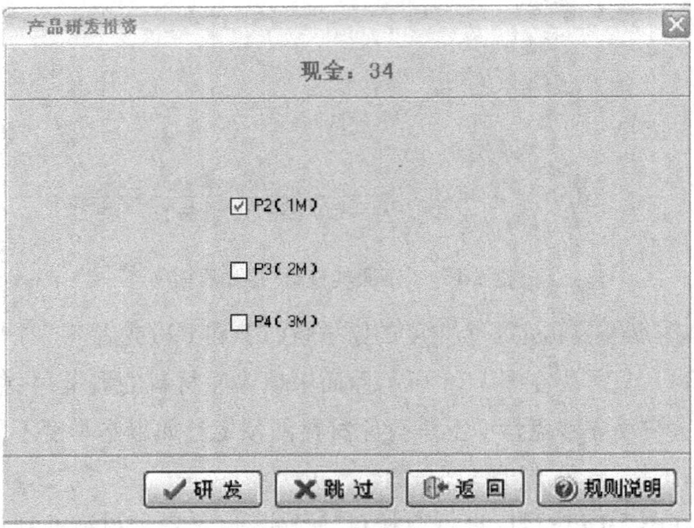

图5-17 "产品研发投资"操作界面

如图5-17所示，如果企业需要研发P2产品，只需要单击P2前面的方框，就可以选中相应的产品，再单击"研发"按钮，就可以对相应的产品进行研发工作。如果企业要同时研发多个产品，则可以同时选择多个产品，再单击"研发"按钮。如果企业不需要研发任何产品，可以单击"跳过"按钮，跳过本季度的研发工作。

注意：研发产品每个季度只能进行一次，研发后，如果还要研发其他产品，本季度就不能进行了。如果跳过本季度的研发工作，那么在本季度也不能进行研发工作。

研发不同的产品需要不同的费用。企业到底研发何种产品需要根据市场的需求、竞争对手选择的产品类型和企业自身的经营状况综合考虑后再进行研发工作。

1．市场需求分析

通过单击沙盘右上角“经营分析”中的“市场预测”，可以在经营过程中随时打开市场预测界面，如图 5-18 所示。

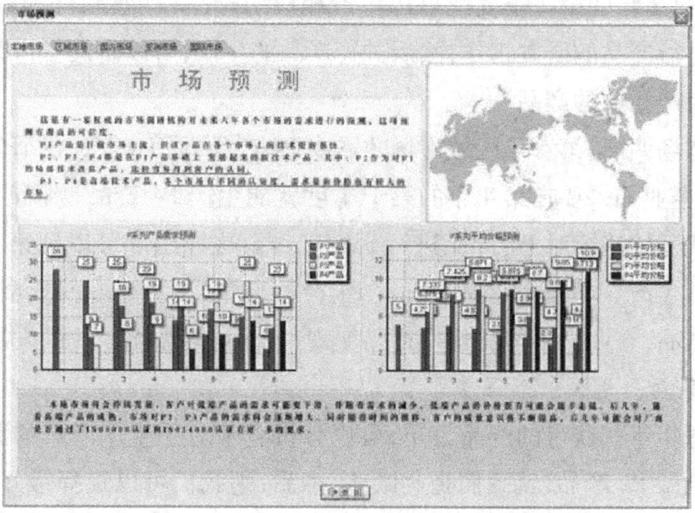

图 5-18　市场预测图

图 5-19 为图 5-18 中的局部放大图。

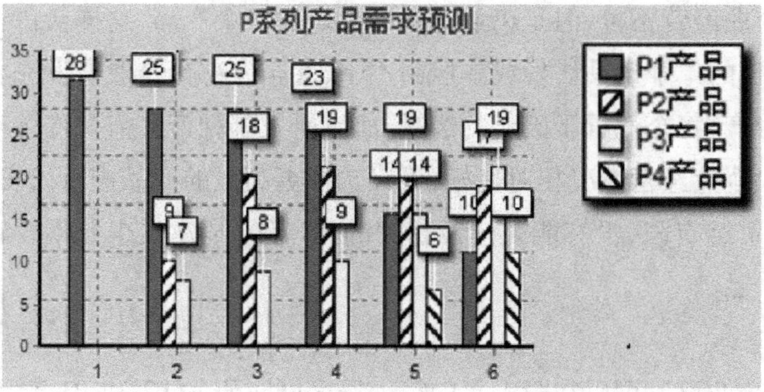

图 5-19　局部市场对 P 系列产品需求数量预测图

以本地市场为例进行市场需求分析。第 1 年市场只需要 P1 产品，第 2 年市场就开始需要 P2 和 P3 产品，而到第 5 年该市场才需要 P4 产品。每种产品只有研发完成才能进行相应新产品的生产，每种产品的研发周期均是 6 个季度，研发过程可以中断后继续研发。因此，企业可以在第 1 年的第 1 季度就有选择的对

P2 和 P3 产品进行相关的研发工作。通过分析其他市场的需求情况，P4 产品只有在第 4 年才在区域市场有相应的需求，所以 P4 产品现阶段可以暂不研发。而 P2 和 P3 产品从第 1 年第 1 季度就开始研发，并持续研发，只要企业有相关的生产线，则在第 2 年的第 2 季度就可以生产相应的产品（沙盘软件的“任务清单”流程是先进行产品的研发工作，然后进行产品的生产，所以研发工作完成的当季度就可以生产相应的产品）。

通过市场调研，第 4 年区域市场才需要 P4 产品，而 P4 产品的研发需要 6 个季度，所以企业如果要在第 4 年的第 1 季度就能生产 P4 产品，则需要在第 2 年第 4 季度就开始持续对 P4 产品进行研发工作。这样刚好可以到第 4 年的第 1 季度就进行生产。如果企业提前研发 P4 产品，则会占用企业的资金，因为市场不需要该产品，企业又不能将这些产品变现，从而可能影响企业的发展。

2. 竞争对手选择的产品类型

通过每年年初获得的产品订单，可以分析竞争对手生产产品的型号。如果竞争对手全做 P2 产品，就我们企业做 P3 产品，则我们可以选择最好的订单，而且投放的广告费用可以相对较低，并且生产的产品可以全部出售，及时变现。因此，如果能避开竞争对手选择的产品类型进行生产，则更有利于企业的发展。

3. 企业自身的经营状况

部分企业经营不善，但是仍然选择同时研发多个产品，这样会占用企业更多的资金，销售的单个产品研发成本居高不下，甚至有部分企业研发完相关的产品而不进行生产，将企业置于破产的边缘，所以研发哪种产品需要谨慎对比后进行选择。如果企业经营情况相对良好，可以选择更高级的产品进行研发；如果企业权益较低，资金有限，没有能力建设相关的生产线，则建议企业不要冒险研发更多的高级产品。

4. 思考

提问：企业可不可以在第 1 年的第 1 季度同时研发 P2 和 P3 产品，而在第 2 年再选择到底是生产 P2 还是 P3 产品？

提示：如果这样操作，研发成本相对较高，并且建设的生产线需要为柔性生产线，生产线的投资大。如果建设全自动生产线，后期则有可能需要进行生产线的变更，这不仅需要 2 个季度的变更周期和 4M 的变更费用，而且影响了其他产品的研发工作。

提问:是不是只有在第1年第1季度随意选择P2或P3产品进行研发,采取“撞大运”的方式进行选择,为企业的未来进行布局?

提示:通过“市场预测”分析,可以发现在以后的几年中P2产品的市场需求和利润高于P3产品的市场需求和利润,所以如果从投资回报率来看,应该研发P2产品,并建设P2产品的全自动生产线。但是实际情况可能是有很多的企业选择P2产品进行研发,只有少部分企业选择P3产品进行研发,这样P2产品的市场竞争压力就大,需要更多的广告费去获得更好的订单,而P3产品的广告成本较低。实际是何种情况,尚需要看各小组的选择。

在实践中,有企业在第1年的第1季度研发P2产品,并建立P2产品的全自动生产线,同时在第1年的第4季度研发P3产品,暂不建立P3产品的生产线。这样做,可以通过第2年的竞单情况进行调整。

如果有很多企业研发了P2产品,并在第2年投入了P2产品的广告,那么企业就继续研发P3产品,并建设P3产品的全自动生产线。同时生产P2产品,由于P2产品在前4年利润很高,市场需要很大,所以企业研发了P2产品并进行生产还是有利可图的。企业同时研发了P3产品,并在第2年发现没有多少P3产品的竞争对手,这时继续进行P3产品的相关工作,就能抢先竞争对手,优先获得P3产品的市场,从而获得很高的利润。

如果有很多企业研发了P3产品,并在第2年投入了P3产品的广告,那么企业就继续研发P2产品,并建设P2产品的全自动生产线,暂停P3产品的研发工作,等到P3产品市场价格高涨,需求旺盛时,再进行生产(需要提前研发,并建立相关生产线)。

在实践中,也有部分企业在第1年的第4季度才开始研发P2和P3产品,然后在第2年只销售P1产品,通过竞单情况的分析决定企业是继续研发P2还是P3产品,从而保证企业在第3年第1季度就能生产新的产品,避开绝大部分竞争对手。但是如果有多个企业采用这种策略,则相对比较麻烦,有部分企业采取继续观察的策略,实在不行,就后期研发P4产品。

(六)更新生产/完工入库

在沙盘经营时,企业一般不会将生产线闲置,而是要使生产线不停地生产产品,从而降低单个产品的生产线分摊成本,获得边际收益。

单击沙盘右侧“任务清单”中的“更新生产/完工入库”，弹出相应的对话框，如图5-20所示。

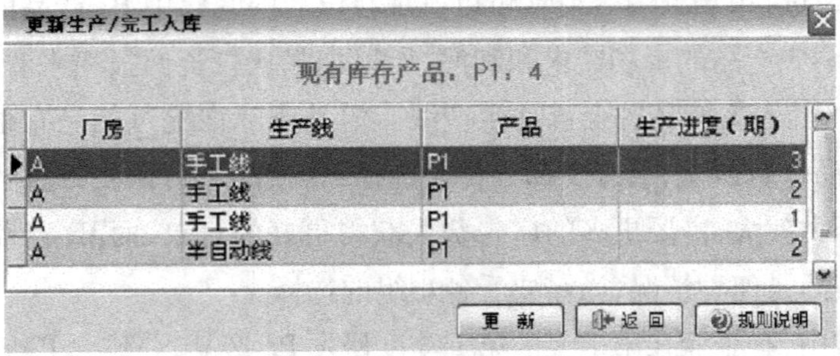

图5-20 “更新生产/完工入库”操作界面

单击“更新”按钮，系统会自动在电子沙盘盘面上将各生产线上的在制品向成品方向推进一格，如果产品下线则表示产品生产完工，系统会自动将产品放置到相应的成品库，此时生产线空置，可以生产新的产品，也可以对生产线进行调整。

（七）购买或调整生产线

生产线操作包括购买、更新、转产、变卖操作。沙盘软件需要先对生产线进行更新操作后，才能进行生产线的其他操作。表5-1为生产线的相关操作价格和时间周期。

表5-1 购买/更新/转产生产线

生产线	手工	半自动	全自动	柔性
购买价	5M	8M	16M	24M
安装时间	无	2个季度	4个季度	4个季度
生产周期	3个季度	2个季度	1个季度	1个季度
出售残值	1M	2M	4M	6M
变更周期	无	1个季度	2个季度	无
变更费用	无	1M	4M	无

1. 购买新生产线

当企业需要扩大生产规模时，或者变卖了落后的生产线之后，企业的厂房有了空余，这时企业就可以去购买新的更高级的生产线。在购买生产线时应注意不同生产线的购买价、安装时间、生产周期、出售残值、变更周期、变更费用不尽相同,企业应选择相对高级的生产线进行购买。

单击沙盘右侧"任务清单"中的"购买或调整生产线",弹出相应的对话框,如图 5-21 所示。

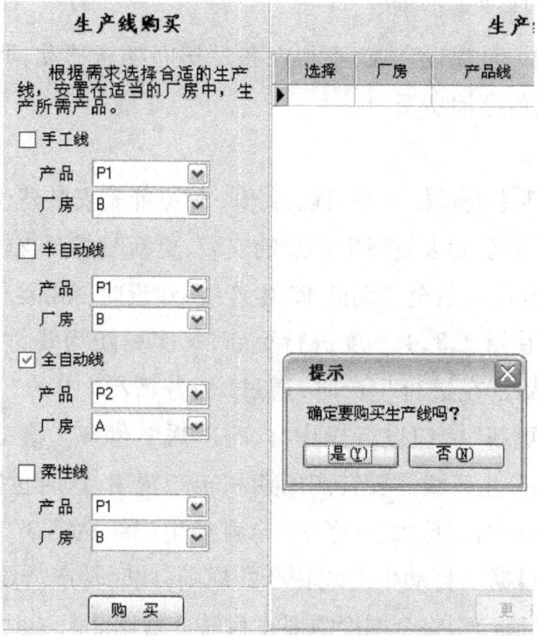

图 5-21 "购买或调整生产线"操作界面

购买新生产线时一定要看清楚新生产线生产"产品"的类型和生产线到底建设在哪个厂房中。生产线生产产品的类型应该是企业已经研发完成的产品类型,或者是生产线刚刚建设好时产品就正好研发出来的产品类型,这样就可以避免生产线的闲置。如果 A 厂房还有空间可以建设生产线,就不要将生产线建设到其他厂房中,因为其他厂房不是企业的自有厂房,可能要给租金,而 A 厂房是企业的自有厂房,不用给租金。如果 A 厂房中有些落后的生产线,可以将它们出售,再购买先进的生产线用于生产。当然,如果 A 厂房已经建设满了,而企业又有扩大生产的需求,此时可以选择 B 或 C 厂房进行新生产线的建设。等企业经营到年末任务时,可以根据企业的财务情况选择是购买厂房还是租赁厂房。

在建设生产线时,可以在相关的生产线类型前打钩,同时要注意选择合适的产品类型和建设生产线所在的厂房位置,单击下方的"购买"按钮,这时沙盘软件就会按照不同生产线的安装周期进行生产线的安装工作。

注意:各生产线的安装周期不同,结合各生产线的购买总价格,在不同的安装周期将均分生产线的购买总价格。以购买安装全自动生产线为例,该生产线的购买价格是16M,安装周期为4个季度,表示该生产线每个季度需要投资4M的购买价格,一直持续4个季度。

注意:生产线一旦建设完成,不得在各厂房间随意移动,所以建设生产线一定要有规划,否则就会浪费资金。

2. 更新生产线

生产线的更新主要包括3种可能。第一种可能是安装建设的生产线有安装周期,这时需要每个季度去更新生产线的安装,更新时需要支付相应的费用。如在第1季度开始建设一条全自动的P2生产线,建设时就需要付生产线购买价的16÷4=4M,然后在第2,3,4季度进行更新,每次更新均要付4M。第二种可能是生产线上有产品正在进行生产时,通过"任务清单"中的"更新生产/完工入库"对话框中的"更新"按钮进行操作,此时不需要付费。第三种可能是在生产线进行转产时,部分生产线需要转产周期和转产费用,这时也需要在"购买或调整生产线"中进行更新。比如:一条P2全自动生产线在第3年的第1季度要转产为P3生产线,根据全自动生产线转产的规则,此时转产需要2个季度,在第2年的第3季度进行转产,每个季度需要支付转产费用2M,一共是4M的转产费。

当企业有生产线需要更新时,可以直接单击沙盘右侧"任务清单"中的"购买或调整生产线",此时会弹出如图5-22所示的对话框,单击下方的"更新"按钮即可进行更新。更新涉及的费用支出,沙盘软件会自动从企业现金中扣除,并将扣除的现金填写在现金流量表中的生产线建设中。

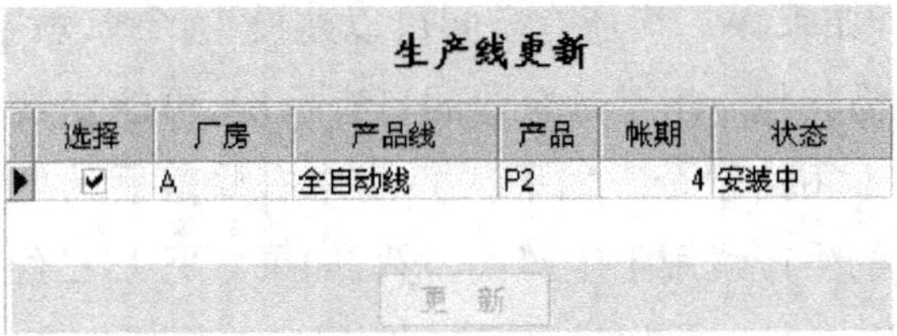

图5-22 "生产线更新"操作界面

3. 变卖生产线

将已有的生产线销售出去,从而为新的生产线的铺设留下空间,企业同时能获得一定的资金。生产线的变卖一般会导致企业所有者权益的下降，如非必要，一般不特意对生产线进行变卖。

注意：当生产线上没有在制品时，才可以变卖该条生产线。

将鼠标放置在沙盘软件盘面上的“设备价值区”中的金额处，此时会弹出有关生产线的相关说明，如图5-23所示。

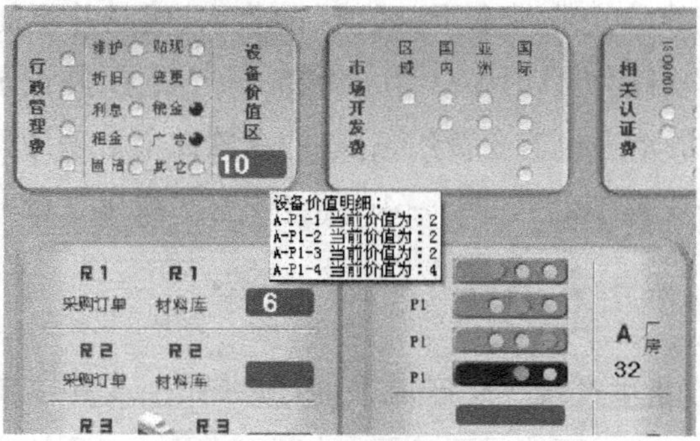

图5-23　设备价值明细查看图

图中描述了企业所有生产线的价值共10M，企业现有4条生产P1的生产线，分别是3条手工线和1条半自动生产线，价值分别是2M，2M，2M，4M。如果企业出售这些生产线，残值分别是1M，1M，1M，2M，所以企业出售这些生产线会给企业带来损失。但是这种落后的生产线生产效率太低，多数企业还是会选择出售，将厂房的空间用来建设全自动或柔性生产线。

通过单击“任务清单”中的“购买和调整生产线”，在弹出的对话框右侧的“可变卖生产线”中选择要变卖的生产线，单击下方的“变卖”按钮，再在弹出的提示中选择“是”，就可以将生产线变卖。具体操作如图5-24和图5-25所示。

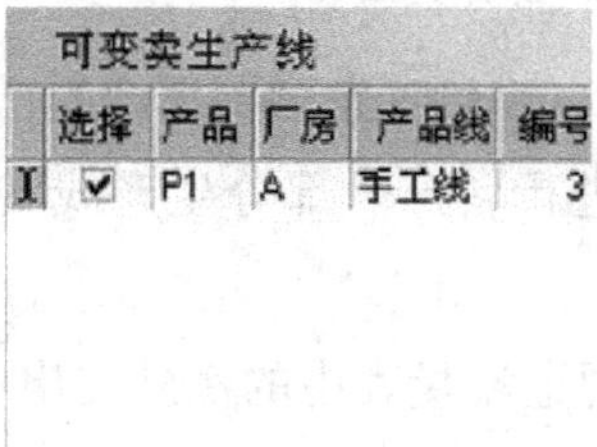

图5-24　“可变卖生产线”操作界面

图5-25　确认变卖生产线操作界面

当企业变卖生产线时，沙盘软件会自动将变卖生产线获得的残值放在现金中。同时沙盘软件会自动计算因出售生产线造成的“额外收入/支出”，并计入企业的损益表中。具体方法请参考本书的“任务九　企业模拟经营第3－4年”中“生产线出售的相关计算”进一步学习。

注意：要变卖的生产线，此时生产线必须是空闲不进行生产的生产线，而且要注意，变卖生产线给企业带来了“残值”的收入，但是并不能使得生产线本年的折旧去除，沙盘软件会自动计算该生产线的折旧费用，并记录在损益表的折旧中。同时，生产线的清理也需要费用，这些沙盘软件会自动计算。具体请参考本书的“任务九　企业模拟经营第3－4年”中“生产线出售的相关计算”进一步学习。

4．生产线转产

生产线的转产指生产线不生产原来的产品，而生产其他新的产品。转产可能需要安装时间，同时也可能需要费用。如非必要，一般不特意进行转产。

当企业有生产线需要转产时，可以直接单击沙盘右侧“任务清单”中的“购买或调整生产线”，此时会弹出如图5-26所示的对话框。

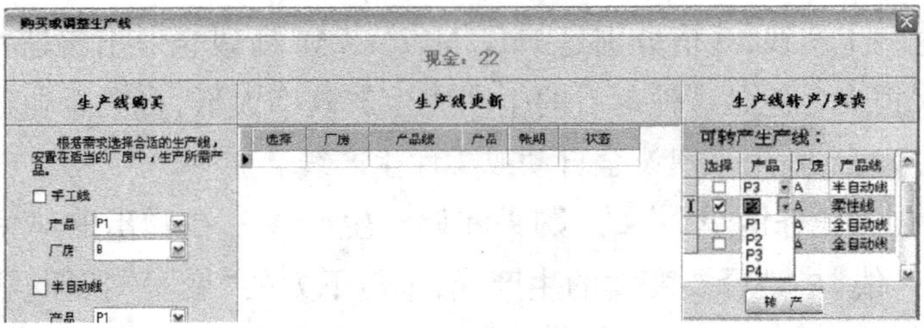

图5-26　“购买或调整生产线”操作界面

生产线转产只能对空闲的生产线进行转产。转产时先对要生产的产品进行调整，同时选择该生产线，再单击“转产”按钮进行转产。部分生产线转产需要时间和金钱，如需要转产一定要慎重。

转产涉及的费用支出，填写在沙盘系统的现金流量表中的额外支出中。

（八）开始新的生产

当某些生产线上的在制品已经制作完工并下线后，可以考虑生产线进行产品新的生产。

单击“任务清单”中的“开始新的生产”，此时会弹出如图5-27所示的对话框。

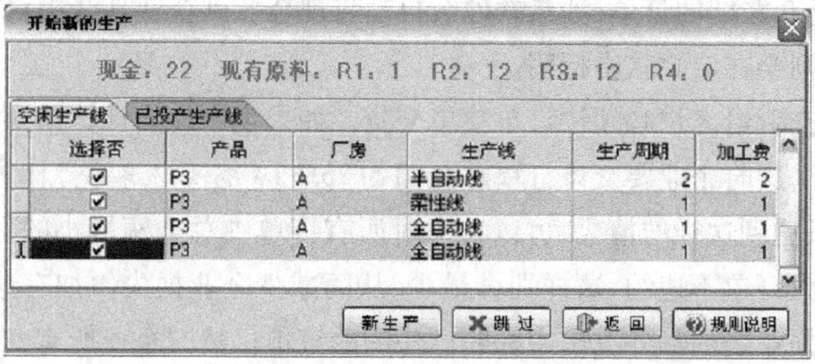

图 5-27 “开始新的生产”操作界面

选择要进行生产的生产线前面的方框，单击下方的“新生产”按钮即可。系统会自动在现金流中扣除生产的费用。

注意：不同的生产线生产不同产品的加工费用可能是不同的，需要财务总监和运营总监做好加工费用的预算。全自动生产线和柔性生产线不管生产什么产品，每条生产线生产费用均为1M。

注意：开始新的生产前要核实下企业的现有资金，分析企业能不能归还下一季度的各种贷款，如果不能，并且企业已经不能进行贷款，没有应收款贴现等融资渠道，那么本季度的生产线就不能进行生产，只有通过出售生产线、厂房来筹集资金，用于下季度的还款，才可能避免企业破产。

（九）交货给客户

单击“任务清单”中的“交货给客户”，就会弹出如图 5-28 所示的对话框。

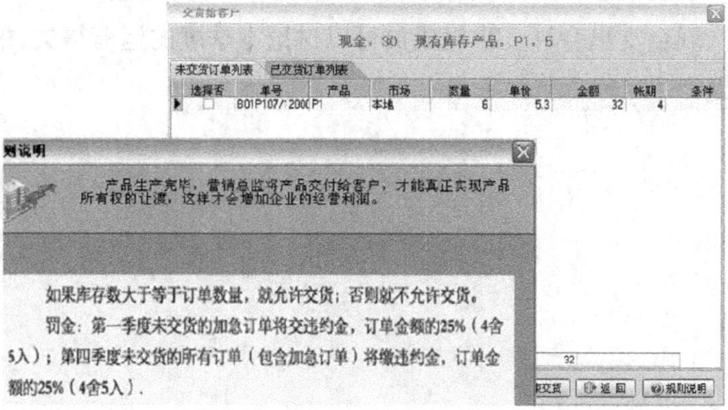

图 5-28 “交货给客户”操作界面及相应的规则说明提示

选择可以交货的订单前的方框，单击“交货”按钮就可以完成交货。如果交货的订单是0账期的订单，沙盘软件会自动将现金放到企业现金中；如果是有账期的订单，则会在应收款中标明。

注意：交货给客户必须按订单整单交货。如果生产能力计算错误，出现不能交货的情况，这时企业要交该订单总金额的25%（4舍5入取整）作为罚金。所以企业一旦遇到这样的情况，可以考虑对所有订单中总金额最小的订单进行违约，而保证大订单不违约，这样罚金最少，从而减少企业损失。如有这方面的损失，可以在损益表的额外支出中标明。违约的订单仍然归企业所有，在计算下一年企业产能时，要记住减去。

（十）支付行政管理费用

管理费用是企业为了维持企业的经营活动发放的管理人员工资、必要的差旅费、招待费等，属于企业每个季度必须上缴的费用。沙盘软件规定每个季度管理费用为1M。

单击“任务清单”中的“支付行政管理费用”，在弹出的对话框中单击“确定”按钮，系统会自动从现金流中扣除1M。

（十一）进入下一季度

当每个季度操作完以上步骤后，这时要核对企业的现有现金和下季度需要支付的短期贷款、民间融资等费用，只有当现有现金 > 下季度需要支付的短期贷款 + 民间融资 + 各种利息时，企业才可以进入下一季度，从而避免一进入下一季度就因为需要还款而导致企业破产。如果企业现有资金不足以归还下季度的贷款，可以在本季度就进行短期贷款或民间融资。同时企业应该做好本季度的现金收入合计、现金支出合计。小组成员可以讨论本季度的运营得失，书写本季度的经验小结。

任务六　每年年末工作

能力(技能)目标

1. 能够根据企业现状判断需要的长期贷款值。
2. 能够根据企业现状判断企业是购买还是租赁厂房。
3. 能够计算企业生产线的折旧费用。
4. 能够根据企业的现状决定企业市场开拓和 ISO 认证的项目。

知识目标

1. 能进行长期贷款的计算。
2. 能进行厂房购买或租赁的计算。
3. 能进行生产线的折旧计算。

情景简介

各小组对企业的经营已经进行了 4 个季度,企业的运营已经到达年末,只有年末企业才能进行长期贷款,同时还要支付设备维修费;如果企业将生产线扩建到了 B 厂房或 C 厂房,则企业还要购买或者租赁相应的厂房;为了更好地扩大市场占有率,企业还要进行市场开拓;为了提高企业产品的品质,企业还要进行产品的 ISO 资格认证;最后在每年的年末企业还要关账,这时要对企业现有的现金、原材料和产品的库存、所有者权益等进行盘点,为来年的经营做好准备工作。

任务分解

1. 长期贷款的操作。
2. 厂房购买或租赁操作。
3. 市场开拓和 ISO 认证。

任务要求

小组能够根据企业的现状选择合理的长期贷款额;能够通过计算选择是购买还是租赁厂房;能够对生产线折旧进行正确的计算;能够预计企业关账后的权益,并以此为基础决定市场开拓和 ISO 认证的项目。

建议教学方法

教师讲授、示范;学生分组学习;学生通过沙盘进行相应的操作。

建议课时

1 学时。

一、实训目的及内容

小组能根据企业的需求,合理地进行长期贷款的操作,通过计算,科学地选择购买厂房还是租赁厂房操作,能在预计企业关账时所有者权益的基础之上进行市场的开拓和 ISO 的认证工作。企业关账前,能对下一年的资金、产能等进行计算,从而更好地为企业的后续操作打下基础。

二、实训步骤

每年的年末均有 6 项基本工作需要完成,具体如图 6-1 所示。

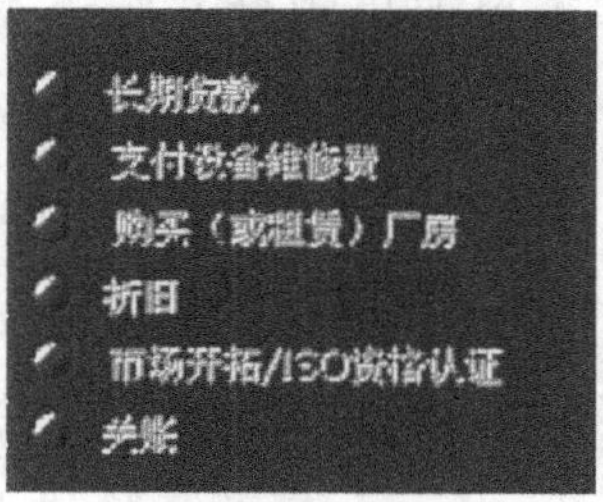

图 6-1　每年年末需要完成的工作

由于年末的 6 项工作只有在年末才能操作，所以图 6-1 在平时显示为灰色，只有在年末才显示为黑色，表示可以操作。年末的工作主要包括长期贷款、支付设备维修费、购买（或租赁）厂房、折旧、市场开拓/ISO 资格认证和关账等相关工作。

（一）长期贷款

长期贷款的相关工作主要包括支付长期贷款利息、更新长期贷款、申请长期贷款。单击“任务清单”中的“长期贷款”，可以弹出如图 6-2 所示的对话框。

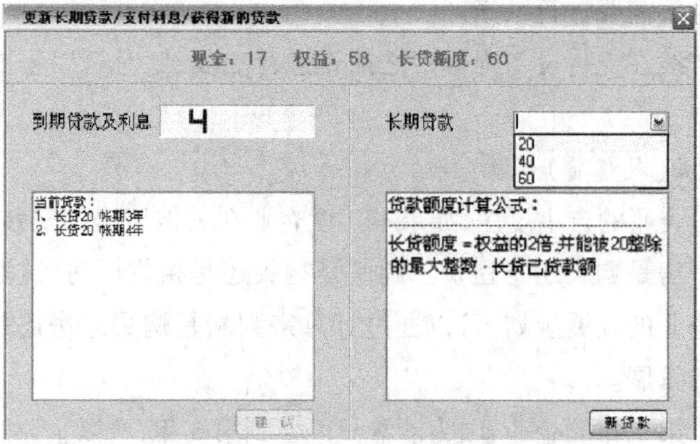

图 6-2　更新长期贷款操作界面

单击图 6-2 中的“确定”按钮，沙盘软件就会自动从企业现金中取出相应的长期贷款的利息进行支付。如果此时有长期贷款到期需要还款，同样也是如此操作。

1. 更新长期贷款/支付长期贷款利息

长期贷款的还款规则是每年付息，到期还本。

如果长期贷款当年未到期，企业借贷的每 20M 需要支付 $20M \times 10\% = 2M$

的利息。长期贷款到期时，需要取出现金并归还本金及当年的利息，即支付20M + 2M = 22M。

2. 申请长期贷款

长期贷款只有在年末才可以申请，申请的次数不限，但是可以申请的额度为：上一年企业关账后的所有者权益×2（包含的最大的20的整数倍）-企业已有的长期贷款值。

注意：一般企业在第1年经营时，几乎建设了3条全自动的生产线，并且对产品进行了研发，对市场进行了开拓，这样绝大部分企业的权益应该会低于50M，如果第1年不将长期贷款贷完，第2年所有者权益下降就不能获得60M的长期贷款的现金了。当然，是否将长期贷款额度用光也取决于企业的战略和第1年企业年末的所有者权益值。如果定于第3年才开始生产P2或P3产品，则可能不需要在第1年就将长贷贷完。

（二）支付设备维修费

企业经营到年末工作时，每条生产线必须支付1M的维护费。对于正在建设的生产线则不需要进行维修。

如果生产线在支付设备维修费之前就进行变卖，此时可以不要缴纳设备维修费。

（三）购买（或租赁）厂房

A厂房为企业的自主厂房，如果本年度企业在其他厂房中安装了生产线，此时要决定该厂房是购买还是租赁。到底是购买还是租赁厂房，这取决于企业现金的多少及企业的发展规划，可以通过计算来判断是购买厂房还是租赁厂房更有利于企业的发展。

比如处于第4年的企业，因为沙盘只经营到第6年，所以企业发展规划只有第4年、第5年和第6年。如果生产线建设到了B厂房，第4年年末购买该厂房需要24M，如果采用租赁，则每年3M，最终需要9M，但是这9M将直接扣除企业的所有者权益。如果企业缺乏资金，采用长期贷款购买B厂房，则24M的长期贷款每年的利息为24M×10% = 2.4M，3年累计利息为2.4M×3 = 7.2M，小于9M的租金。这表示企业通过借贷长期贷款来购买厂房的方式较好。而且企业一旦购买了厂房，在沙盘最终的得分上还有优势。因此，如果企业有钱，可以选择购买厂房；如果企业本来就经营困难，则可以选择租赁厂房。

（四）折旧

按照规则，厂房是不折旧的，生产线是按余额递减法进行折旧，在建工程及当年新建完工的生产线也不折旧。

折旧费用 = 原有设备价值 ÷ 3（4 舍 5 入，当生产线价值不足 3 时，取 1；当生产线价值为 0 时，不折旧）。

注意：进行折旧计算时只涉及生产线的净值和其他费用两个项目，与现金流无关，计算现金收/支合计时不应考虑该项目。但是折旧费用的多少对企业所有者权益影响极大，在损益表中可以看到，生产线在每年的年末均有折旧。生产线的折旧会导致企业下一年贷款额度的减少。

思考：价值为 1M 的生产线，经过折旧后，价值还有多少？

提醒：按规则，生产线价值不足 3 时，取 1，折旧完后生产线的价值为原有价值减去折旧费用，即 1M - 1M = 0M，所以价值为 1M 的生产线，经过折旧后，该生产线的所有者权益为 0，但是价值依旧很大。

（五）市场开拓/ISO 资格认证

单击"年末工作"中的"市场开拓/ISO 资格认证"项目，可以打开市场开拓和 ISO 认证的对话框，如图 6-3 所示。

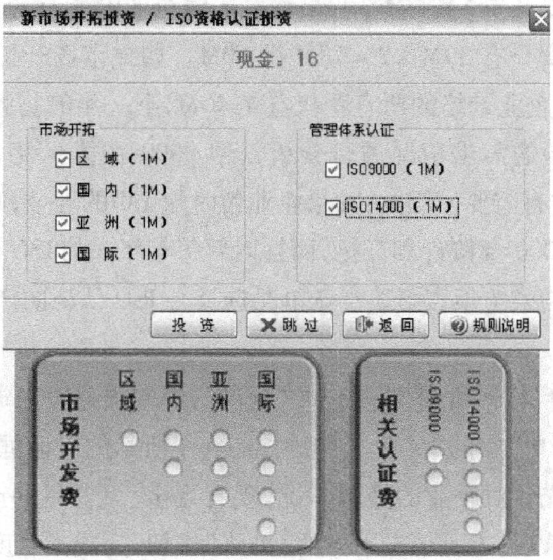

图 6-3　"新市场开拓投资/ISO 资格认证投资"操作界面及对应沙盘盘面内容

1. 市场开拓

每开拓一次,可以点亮对应市场下方的一个圆形空孔。只有完全开拓了相应市场,点亮相应市场下方的圆形空孔后,才可以将产品销售到该市场。

2. ISO 认证

每开拓一次,可以点亮对应认证下方的一个圆形空孔。只有完全点亮了认证下方相应的圆形空孔后,才表示企业下一年有资质接受带有相关认证的产品订单。

3. 市场开拓的相关注意点

当对应的市场或认证下方的点全部变红后,就表示企业已经具有了这项能力。市场开拓和 ISO 认证同时进行操作,并且该操作每年只能进行一次。

图 6-3 中对话框下方的"跳过"按钮,一旦单击,就不可以再进行相关的市场开拓和 ISO 认证操作。在本项操作前一般需要查看企业的所有者权益,可以单击"返回"按钮,等核实企业所有者权益后,再确定花多少资金去进行市场开拓和 ISO 认证。

比如企业经营到第 1 年年末,仅剩该项操作和关账操作尚未完成,企业现有的所有者权益是 45M,如果所有的市场全部开拓,所有的 ISO 认证全部开拓,则企业本次操作需要花费 6M 的费用,最终关账时企业的所有者权益是 39M,企业下一年的贷款额度只有 39M × 2 = 78M 即 60M。如果市场开拓和 ISO 认证一共仅仅开发 5 项,则企业最终的所有者权益是 40M,下一年的贷款额度是 40 × 2 = 80M。通过对市场的需求情况进行分析,ISO 9000 在第 4 年才有需要,而 ISO 14000 在第 5 年才有需要。因此,如果企业暂时缺 1M 的现金,则可以不开拓 ISO 9000,但是 ISO 14000 要按计划开拓,而且以后每年年末的 ISO 认证均不可停顿,只有这样才不影响第 4 年和第 5 年竞单时选择有 ISO 认证的产品订单。

(六) 关账

企业经营一年下来,年终要做一次"盘点",编制损益表和资产负债表。

单击"任务清单"中的"关账",弹出如图 6-4 所示的对话框。

经营小组应先核对企业的经营状况、现有现金、下一年的产能,在确认企业下一年能正常经营后,方可单击下方的"关账"按钮,完成本年度的工作。

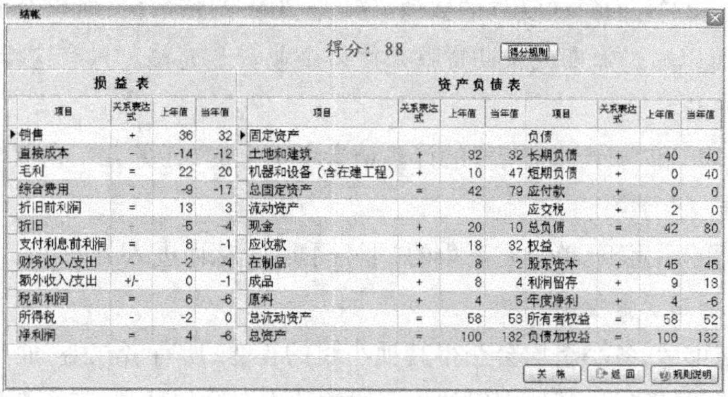

项目	关系表达式	上年值	当年值	项目	关系表达式	上年值	当年值	项目	关系表达式	上年值	当年值
销售	+	36	32	固定资产				负债			
直接成本	-	-14	-12	土地和建筑	+	32	32	长期负债	+	40	40
毛利	=	22	20	机器和设备（含在建工程）	+	10	47	短期负债	+	0	40
综合费用	-	-9	-17	总固定资产	=	42	79	应付款	+	0	0
折旧前利润	=	13	3	流动资产				应交税	+	2	0
折旧	-	-5	-4	现金	+	20	10	总负债	=	42	80
支付利息前利润	=	8	-1	应收款	+	18	32	权益			
财务收入/支出	-	-2	-4	在制品	+	8	2	股东资本	+	45	45
额外收入/支出	+/-	0	-1	成品	+	8	4	利润留存	+	9	13
税前利润	=	6	-6	原料	+	4	5	年度净利	+	4	-6
所得税	-	-2	0	总流动资产	=	58	53	所有者权益	=	58	52
净利润	=	4	-6	总资产	=	100	132	负债加权益	=	100	132

图 6-4 “结账”操作界面

注意：在确认“关账”之前，企业应该先观察下一年度第 1 季度的应还贷款值，可以单击沙盘右侧的“短期贷款/支付利息”，这时弹出如图 6-5 所示的界面。

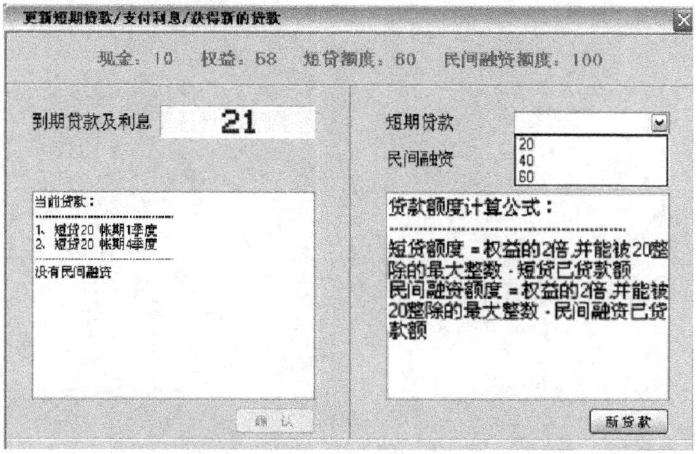

图 6-5 “更新短期贷款/支付利息/获得新的贷款”操作界面

通过“到期贷款及利息”项目，可以确认下一季度一开始需要还贷的金额，同时企业还要考虑到下一年度的广告费用和税金。企业现有的现金，应该可以保证这 3 项工作的开展。如果不能保证，则企业可能会直接宣告破产，导致经营的失败。

比如图 6-5 中的模拟企业，现金为 10M，营销总监预测下一年度的广告费为 12M，财务总监记录的第 1 季度需要归还的贷款为 21M，企业本年度税前利润是 -6M，下一年不需要交所得税，所以企业在关账前要进行贷款，贷款值为 12M +

21M－10M＝23M，而每次贷款的数值必须是20M的整数倍，所以企业只能贷款40M，企业可以通过短期或长期贷款来使得企业资金充裕。只有这样，企业才能正常经营下去。

"损益表"和"资产负债表"的计算请参考本书的"任务九　企业模拟经营第3－4年"进一步学习。

在教师的示意下，单击右下角的"下一季度"，从而进入下一年。

（七）企业资金控制

每年结束后，各小组均会获得其他小组的得分、所有者权益，通过企业得分规则的计算，可以得出其他小组的生产线数和生产线的种类、市场开拓和ISO认证情况、厂房的购买情况，甚至结合企业在竞单时的顺序，就能估算出其他企业的产品研发情况。

具体方法请参考本书"任务七　企业模拟经营第0年"中"企业资金控制"部分。

第二部分

操作部分

任务七　企业模拟经营第0年

能力(技能)目标

1. 能够初步完成市场的分析工作。
2. 能够初步完成企业的计划工作。
3. 能够初步完成企业资金控制工作。

知识目标

1. 能初步进行市场需求分析、市场竞争对手分析、制订广告方案、订单的选择规则。

2. 能较合理地制订销售计划、设备投资计划、生产计划、采购计划、资金计划、市场开发计划及产品研发计划等。

3. 能看懂综合管理费用、损益表、资产负债表的相关计算。

情景简介

各小组对企业沙盘的操作和企业之间的竞争规则已经有了深入了解,是时候对模拟企业进行相应的经营操作。沙盘软件设计了企业模拟经营第0年,本年份的操作只是给各小组模拟操作,并不计入企业经营的成绩。

任务分解

1. 市场分析。

2. 计划工作。

3. 企业资金控制。

4. 企业经营的反思与总结。

任务要求

能够比较熟练地进行企业第0年的相关操作,合理地经营企业。

建议教学方法

教师讲授、示范;学生分组学习;学生模拟经营沙盘进行相应的操作。

建议课时

4学时。

一、实训目的及内容

通过第0年企业的模拟经营操作,实现小组成员的磨合,使得小组成员对沙盘的经营操作有总体的认知。

二、实训步骤

新管理层接手企业,需要有一个适应阶段,在这个阶段,新的管理层需要与原有管理层进行工作的交接,需要熟悉企业的工作流程。因此,在沙盘软件中设计了第0年,也可以称为沙盘经营的起始年。起始年的数据不计入企业经营的成果中,仅仅是为了让新的管理层熟悉企业的经营而设计的。

(一)市场分析

市场分析是企业获得良好发展的基础。通过市场分析,可以寻找到利润高、竞争小的区域进行订单的竞单工作。一般市场分析包括两个部分:市场需求分析和市场竞争对手分析。

1. 市场需求分析

每个企业的营销总监应该熟悉市场上相应产品的需求情况和利润情况，可以通过市场调查预测报告来进行分析。该市场的调查预测报告是可以信赖的、基本符合未来市场需求的一份市场调查报告，任何企业均可以免费获得。可以根据这份报告对所有的市场订单进行分析，具体方法如下：

（1）统计产品需求数量并计算相应的毛利

统计本地市场、区域市场、国内市场、亚洲市场和国际市场上的 P1、P2、P3、P4 产品的需求数量和订单数，并计算这 4 种产品在不同区域的毛利。其中，市场需求的实际订单数量在竞单的时候才可以观察。

4 种产品的毛利的计算方法：一般企业使用全自动生产线或柔性生产线生产 P1、P2、P3、P4 产品，直接成本见表 7-1。

表 7-1　全自动生产线生产 P 系列产品的直接成本

全自动生产线生产产品名称	生产成本	原材料成本累计	成本累计
P1	1M	1M	2M
P2	1M	2M	3M
P3	1M	3M	4M
P4	1M	4M	5M

一般产品的成本分为生产费用和原材料费用，通过计算，P1、P2、P3、P4 产品的直接成本依次为 2M，3M，4M，5M。相应各产品的毛利就是：产品毛利 = 相应市场的预计销售价格 - 直接成本。

通过市场预测报告和经营经验的积累，可以得到 10 组小组进行企业模拟经营时，P1、P2、P3、P4 产品在本地市场、区域市场、国内市场、亚洲市场和国际市场上的需求数量、订单数和毛利。具体见表 7-2。

表 7-2　10 组模式下模拟市场需求分析

年份	产品	市场	需求数	订单数	毛利
1	P1	本地市场	35	10	2.971
2	P1	本地市场	31	10	2.677
2	P2	本地市场	12	6	3.167
2	P3	本地市场	8	4	3.375
2	P1	区域市场	11	5	2.636

续表

年份	产品	市场	需求数	订单数	毛利
2	P2	区域市场	16	7	3.750
3	P1	本地市场	30	8	2.767
3	P2	本地市场	22	8	5.136
3	P3	本地市场	10	5	3.400
3	P1	区域市场	7	4	2.714
3	P2	区域市场	15	7	4.933
3	P3	区域市场	8	5	4.000
3	P1	国内市场	23	9	2.913
3	P2	国内市场	18	7	5.056
3	P3	国内市场	10	4	4.000
4	P1	本地市场	28	10	2.571
4	P2	本地市场	24	9	5.833
4	P3	本地市场	11	5	4.364
4	P1	区域市场	6	4	2.833
4	P2	区域市场	15	6	4.333
4	P3	区域市场	11	5	4.000
4	P4	区域市场	7	2	3.149
4	P1	国内市场	22	9	2.273
4	P2	国内市场	20	7	5.050
4	P3	国内市场	6	4	4.000
4	P1	亚洲市场	24	9	2.042
4	P2	亚洲市场	21	7	3.619
4	P3	亚洲市场	13	5	4.692
5	P1	本地市场	18	7	2.000
5	P2	本地市场	24	9	5.458
5	P3	本地市场	17	6	4.353
5	P4	本地市场	8	5	3.750

续表

年份	产品	市场	需求数	订单数	毛利
5	P1	区域市场	6	5	3.000
5	P2	区域市场	14	5	3.357
5	P3	区域市场	12	7	5.000
5	P4	区域市场	8	4	3.750
5	P1	国内市场	16	5	1.938
5	P2	国内市场	18	7	4.278
5	P3	国内市场	13	7	4.077
5	P4	国内市场	5	3	3.400
5	P1	亚洲市场	17	7	1.647
5	P2	亚洲市场	19	8	3.421
5	P3	亚洲市场	14	5	4.929
5	P4	亚洲市场	6	4	4.500
5	P1	国际市场	30	10	3.533
5	P2	国际市场	8	4	3.875
6	P1	本地市场	13	5	1.692
6	P2	本地市场	20	9	3.050
6	P3	本地市场	24	8	4.958
6	P4	本地市场	12	5	3.833
6	P1	区域市场	6	4	3.000
6	P2	区域市场	8	5	2.875
6	P3	区域市场	12	5	4.917
6	P4	区域市场	11	5	4.636
6	P1	国内市场	11	5	1.727
6	P2	国内市场	16	7	2.563
6	P3	国内市场	17	7	5.059
6	P4	国内市场	7	4	4.000
6	P1	亚洲市场	14	5	1.357

续表

年份	产品	市场	需求数	订单数	毛利
6	P2	亚洲市场	15	7	3.200
6	P3	亚洲市场	18	7	5.611
6	P4	亚洲市场	10	4	5.200
6	P1	国际市场	25	10	3.840
6	P2	国际市场	14	7	4.000
6	P3	国际市场	7	4	4.286

表中统计了10组小组经营模式下各产品在各个市场的需求数量和相应的毛利,可以通过软件自带的“市场预测”进行计算。而各产品在各个市场的订单数量,则需要进行相应地记忆。除此之外,部分市场有个别非常优质的订单,也需要进行记忆。这样有利于企业进行广告策略的制定。

(2)广告策略的制定

分析4种产品在不同市场上的需求数量、订单数和毛利,并以此进行广告策略的制定工作。

通过表7-2的分析,发现在部分年份、部分市场根本不需要相关的产品,因此在这个时候就没有必要在相应的市场投放相关广告。例如,P3产品在第2年的区域市场没有需求,因此营销总监没有必要在此市场投放广告。

同时还发现在部分年份、部分市场上部分产品的毛利相对较低,这种情况在生产线投资和产品开发时就可以进行回避。例如,P1产品在第4年的各个市场毛利只有2点多,远远比不上P2产品的毛利。如果企业有大量的P1产品生产线,且P2产品市场竞争适度,那么企业就可以在第3年度及时调整生产线,用来生产P2产品,使企业获得更多的利润。如果企业是P1产品的全自动生产线,尽管将P1的全自动产品进行转产,会需要4M的转产费,损失2个季度的生产机会,也就是2个P1产品,根据市场计算,2个P1产品可以赚取4M的毛利,所以累计损失8M的费用。但通过市场分析,在第4年,生产P2产品,每个产品可以多获得2M的毛利,所以大约只需要一年就可以挽回损失,并在第5年实现利润的赚取。同样也可以转产为P3产品,具体情况留给读者分析。

通过表7-2还可以发现在不同的年份各个市场上毛利最高的产品并不相同,但是并不要求企业不停地去追求高毛利的产品,因为还要考虑到竞争对手的情况。如果竞争对手也都在追逐高毛利的产品,那么市场广告的费用必定很高。追求高毛利的产品要求企业经营者必须通过计算再判断生产哪种产品,这取决于生产线转产的时间和费用。必须通过精确的计算,判断在生产线转产后获得的利润,能不能弥补生产线的转产费用和转产时间带来的生产线不能生产的损失。

以P3产品为例进行产品的需求分析(见表7-3)。

表7-3 10组模式下P3产品市场需求分析

年份	本地		区域		国内		亚洲		国际		总计销售额
	数量	单利润	数量	单利润	数量	单利润	数量	单利润	数量	单利润	
2	8	3.38									59
3	10	3.4	8	4	10	4					218
4	11	4.36	11	4	6	4	13	4.69			341
5	17	4.35	12	5	13	4.08	14	4.93			480
6	24	4.96	12	4.92	17	5.06	18	5.61	7	4.29	707

通过分析P3产品在各个市场的需求数量和每个产品的毛利润,P3产品在后期的需求数量较多,且利润较高,但是P3产品在前期的需求数量较少,且利润较低。P3产品的研发投资较高,如果有多家企业进行P3产品的开发和销售工作,市场竞争就会比较激烈,企业破产风险较大。

同样,通过类似的方法可以分析P1、P2、P3、P4产品在哪个市场利润更高(见表7-4)。

表7-4 10组模式下市场需求较佳产品分布

年份	本地	区域	国内	亚洲	国际
第1年	P1				
第2年	P2/P3	P1/P2			
第3年	P2(P1)	P3	P1/P2/P3		
第4年	P1/P2/P3	P2/P3/P4	P2	P3	
第5年	P2/P3/P4	P3/P4	P2	P2/P3/P4	P1
第6年	P2/P3	P3/P4	P2/P4	P3/P4	P1/P2

考虑到部分企业在第1年和第2年只研发了P3产品,所以尽管P3产品在第2年的利润不高,但是也只能选择相应的市场。同理,有些企业的产品组合可能只是P1和P4产品的组合,企业只研发了P4产品,那么尽管第4年P4产品利润较低,但是企业也只能去投放P4产品的广告。

当然,在进行广告投放的时候,还要考虑企业自身的生产情况和竞争对手的情况,从而避免高额的广告费。如果能通过分析竞争对手,确定在某个市场某个产品没有竞争对手,那么就可以投放较低的广告费。比如竞争对手没有研发相关的产品,或者竞争对手相关产品的产能不高等情况,均可以作为此例。

2. 市场竞争对手分析

通过分析市场竞争对手的经营情况,可以避开激烈的市场竞争,实现轮单,甚至实现以1M的广告费进行扫单的情况。

轮单是指一个企业在同一产品、同一市场上进行多次选择订单的一种现象。出现轮单的现象是因为其他企业没有生产该类产品的能力或相关市场尚未开发或者产能不足等,从而不对该产品所在的市场投入广告费或者不进行订单的选择造成的。

扫单是指一个企业在同一产品、同一市场只有自己企业进行选择订单的一种现象。出现扫单的现象是因为其他企业没有生产该类产品的能力,或相关市场尚未开发等,从而不对该产品所在市场投入广告费而造成的。也有可能是该产品在该市场相关的毛利太低,大家均不进行广告投放而造成的。

分析市场竞争对手的途径一般来源于对竞单情况的分析,部分对财务计算精通的财务总监也可以通过年终裁判公布的各小组的权益进行分析。

(1) 对竞单情况的分析

企业在第1年的广告投入一般带有测试的目的,如果能获得理想的订单更好,如果第1年开局不利,也没问题。因为第1年的广告并不是就想借此获得多好的订单,而是为了以后企业在广告投放时,可以参考过去投放的广告费情况,从而便于企业做决策。

通过单击沙盘右侧的“参加订单竞单”,系统会弹出竞单操作界面,如图7-1所示。

假设本企业就是A组,当“竞单”对话框中的“指示区”下面出现本小组的名称时,单击本小组的名称,就会在选择区出现相应的订单,此时营销总监可以选择相应的订单,并单击“选择”按钮。如果觉得相应的订单不符合企业的需求,则单击下方的“不选择”按钮,放弃本轮订单的选择权。

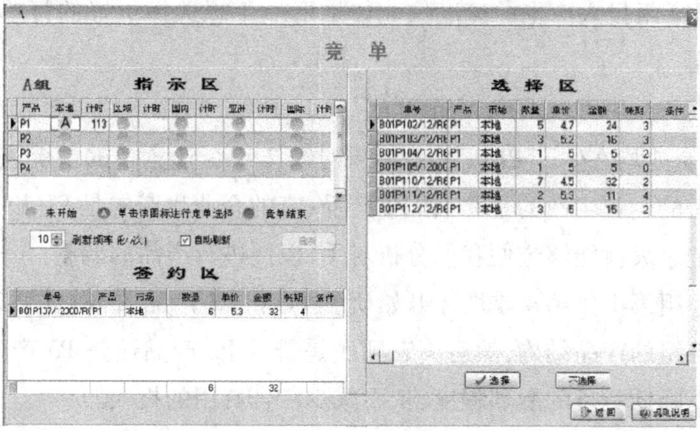

图7-1　“竞单”操作界面

注意:企业在做广告预算时应该记住本企业需要对哪个产品在哪个市场投放多少广告费。再根据图7-1的竞单指示区中各小组的选单顺序进行分析。分析时应该记住如下要点:哪个队伍在哪个区域第几个选择哪种产品。最后将竞单的情况填入竞单记录表中,以便分析使用。表7-5为竞单记录表。

表7-5　竞单记录表

产品____	第1	第2	第3	第4	第5	第6	第7	第8	第9	第10
本地										
区域										
国内										
亚洲										
国际										

例如对第1年的P1产品,在本地市场的竞单记录情况见表7-6。

表7-6　竞单记录表(P1产品第1年本地市场)

产品 P1	第1	第2	第3	第4	第5	第6	第7	第8	第9	第10
本地	B	E	Q	H	D	I	A	F	J	G

假设自己是第I组,投放的广告费为5M。

通过表7-6可以发现I组为第6个进行选单，这表明在I组之前选择订单的B组、E组、Q组、H组、D组在P1产品的本地市场投入的广告费用要比I组投入的多或者比I组投入广告的速度快。如果下一年想选择更好的订单，就必须增加广告费用。

通过表7-6还可以发现A组、B组、C组、D组、E组、F组、G组、H组、I组、J组这10个企业均在生产P1产品。如果对第2年企业竞单的情况进行分析，就可以发现有的企业生产的是P1和P2产品，有的企业生产的是P1和P3产品等。这时竞单记录表就能够方便我们分析对手，以便进行产品的调整。

有的小组第1年第4季度才开始研发P2和P3产品，再通过第2年的竞单情况分析各组的产品结构，然后决定到底是研发P2产品还是P3产品。通过这种方式可以降低竞争的激烈程度，从而减少广告费用的投入。

（2）对年终公布的各小组的权益进行分析

权益直接影响各个小组的最终得分和下一年度企业的贷款额度，如何实现权益的增长也是各小组需要面临的主要问题。一般权益的变化原因主要可以通过对损益表情况的分析得知，涉及销售、直接成本、综合费用、折旧、财务收入/支出、额外收入/支出、所得税等项目。通过分析裁判在年终公布的各小组的权益，结合损益表中的这些内容，可以判断企业研发的产品类型及投资的生产线情况。有关损益表的相关情况请参考本任务中“企业资金控制”部分的内容。

（二）计划工作

计划是各项工作执行的依据。每年年初，CEO都要带领经营团队，在企业战略的指导下，制订销售计划、设备投资计划、生产计划、采购计划、资金计划、市场开发计划及产品研发计划等。

1. 销售计划

销售计划应该在市场需求调研和市场竞争对手分析的基础之上进行设计。具体包括：企业将生产什么产品？生产各产品的数量是多少？通过什么渠道销售（本沙盘软件只能通过订单竞单的方式进行销售）？计划在什么地区销售？各产品线生产不同产品的比例如何？各地区的广告投放多少金额？

正确制订销售计划的前提是收集必要信息，做出相关分析。主要包括产品市场需求信息、企业自身的产能信息、竞争对手的情况等。

一个好的销售计划一定是可执行的方案，同时也是符合企业自身特点的、适用于本组织发展现状的计划。脱离实际情况的、过于宏观的销售计划会对实际的销售活动失去指导意义。一个好的销售计划,同时也是一个全员参与的计划,是被组织及客户认可的计划。

对企业经营管理沙盘而言,销售计划主要应该考虑市场的竞争情况、需求情况及企业的生产能力。市场的竞争情况和需求情况的分析已经进行了详细介绍,通过竞单情况,可以分析得到市场的竞争情况;通过沙盘软件自带的市场预测可以获得市场的需求情况,通过市场的需求分析可以得到产品的利润情况。将得到的这些数据结合企业自身的生产能力,就可以做出合适的销售计划。

企业的生产能力主要根据企业的设备投资与改造、产品的研发进度、生产计划、采购计划和企业已有的库存数量进行统一计算,从而得到本年度企业可以销售的各个产品的具体数量。具体考虑如下:

(1) 设备投资与改造

组织团队对企业现有的生产线进行分析,具体包括:根据生产线的产能和市场的需求情况,是否需要出售和变更相关的生产线？企业如果建设生产线,是否有后续资金能够对已经投资的生产线进行追加投资,完成生产线的建设,从而进行新的生产？这些均会对企业生产的产品数量产生影响。特别是一些落后的生产线,比如接手企业时,开始的 3 条落后的手工线,一般会马上进行出售。而那条半自动生产线,则会根据企业的经营状况,适时进行出售(部分进行 P1 和 P4 产品组合的企业会将这条半自动生产线保留到第 4 年,这样可以减少生产线的投资;部分在第 1 年就进行 P2 产品的持续研发,在年末进行 P3 产品研发的企业,甚至在第 1 年年末就出售该生产线)。

(2) 产品的研发进度

每个季度企业均是先研发产品,再进行相应的生产。但是值得注意的是,在每年开始之前进行产能计算时,一定要注意产品是否研发成功,如果还没有研发好,则不能进行相应产品的生产工作。因此,如果在第 1 年的第 1 季度就研发 P2 产品,并保持每个季度均持续研发 P2 产品,并且如果企业前期进行了生产线的投资工作,并进行了相关原材料的采购工作,则可以在第 2 年的第 2 季度就生产 P2 产品。同样,如果在第 1 年的第 4 季度就研发 P3 产品,并保持每个季度均持续研发 P3 产品,则理论上在第 3 年的第 1 季度就能生产 P3 产品。

（3）生产计划

生产计划会对企业产品的数量和结构产生影响，特别是柔性生产线，因为不需要转产费用和转产时间，该生产线可以灵活使用，但是同一季度只能生产一种产品，在计算产能时，切记不可计算错误；而且还要注意在竞单时，营销总监可能会考虑将柔性生产线转产成其他产品进行生产，这时一定要注意相应的产品有没有研发成功。比如企业在第 1 年的第 1 季度就变卖了一条手工线，同时建设了一条生产 P1 产品的柔性生产线，并持续对 P2 产品进行了研发工作。企业在以后的经营中每个季度均对生产线进行更新操作。到了第 1 年第 4 季度生产总监计算下一年的产能时，由于 P2 产品最快也只能到第 2 年的第 2 季度才研发完成，所以对第一条柔性生产线来说，是不能在第 2 年的第 1 季度就生产 P2 产品的，但是企业可以在第 2 年的第 1 季度生产 P1 产品，然后在第 2 季度开始生产 P2 产品。不考虑其他因素，本生产线第 2 年一共可以生产出 1 个 P1 产品和 2 个 P2 产品，第 4 季度生产的 P2 产品只能在第 3 年第 1 季度获得。

（4）采购计划

采购总监和生产总监一定要注意生产相关的产品需要有相关的原材料，而各种原材料的到货时间是不同的。比如 R1 和 R2 原材料在本季度采购，在下个季度就能到货；而 R3 和 R4 原材料在本季度采购，要下下个季度才能到货。因此，要进行提前采购，切不可因原材料不足而导致生产线无法开始新的生产。

在进入下一年度之前，企业计算下一年度产能时，一定要注意相关的原材料是否已经到货且是否充足。如果原材料不足，一定要注意减少产品相应的数量。比如企业在经营过程中一直持续研发 P3 产品，并建设了 P3 产品相应的生产线，按计划该企业在第 2 年的第 2 季度就可以生产 P3 产品，但是生产 P3 产品需要 2 个 R2 和 1 个 R3 原材料，如果企业没有提前 2 个季度预定 R3 原材料，提前 1 个季度预定 R2 原材料，那么企业将无法进行生产。

（5）已有的库存数量

已有的库存数量和企业在下一年第 1 季度下线的产品可以作为加急产品的订单。加急产品的订单一般利润较高，但是需要企业在第一个季度就交货。企业可以分析生产线和库存产品，对相关的加急产品的订单进行选择。

例如，现有加急订单需要 4 个 P3 产品，但是企业库存只有 2 个 P3 产品，考虑到在第 1 季度企业就有 3 个 P3 成品下线，$3+2>4$，所以企业可以选择该加急订单。

在销售计划中还要注意一些有ISO认证标志的产品订单,这类订单要求企业已经进行了相关的ISO认证,否则企业根本就无法选择相应的订单。

在销售计划中进行相应的产能计算是为了避免给企业带来巨大的损失。如果产品数量计算少了,那么在竞单时,相关的产品订单就不敢接受,这样势必会造成产品的积压,企业不能通过产品的销售来赚取利润,从而导致企业资金周转不灵;如果产品数量计算多了,那么在竞单时可能会接受企业本年度不能完成的订单,从而要给一定的违约金。违约金为不能正常交货订单总金额的25%(4舍5入取整)。特别是加急产品,如果第1季度不能交货,要付出该订单总金额的25%作为罚金,如果在年末还不能交货,同样还要付出该订单总金额的25%作为罚金,而且订单在下一年还是存在且必须要完成,否则还要交违约金。

但是在实践中,也有企业在第2年就选择P2产品的加急订单。因为P2产品最快也要第2年第2季度才能生产,所以这样操作会导致企业第2年第1季度就交违约金。但是如果企业P2产品产能充足,在第2年、第3年资金短缺,并且没有获得充足的订单,那么也可以选择该订单,至少该订单还是可以给企业带来利润的。

2. 设备投资与改造

设备投资与改造是提高企业产能,保障企业持续发展的策略之一。企业进行设备投资时需要考虑以下因素:

(1) 市场上对各种产品的需求状况。

(2) 企业目前的产能。

(3) 新产品的研发进程。

(4) 设备投资需要的资金分析。

(5) 新设备用于生产哪种产品;新设备的安装地点。

(6) 设备折旧给企业带来的损失。

在进行生产线投资时,一定要注意建设何种生产线、建设在哪里、建设时生产线的产品类型。因为生产线的种类不同,生产线的效率也不同。如半自动生产线,每2个季度才能生产1个产品,而全自动生产线每个季度均可以生产1个产品;在厂房有限的前提下,大家一般不会建设手工线和半自动生产线,而是建设全自动生产线或柔性生产线。

生产线的转产时间和费用不同,如柔性生产线的转产时间和费用均为0,而全自动生产线转产周期为 2 个季度，每个季度转产费用为 2M，累计 4M。

生产线的折旧费用各不相同，具体计算方法为：生产线当前价值 ÷ 3（4 舍 5 入，当生产线价值不足 3 时，取 1；当生产线价值为 0 时，不折旧）。比如：柔性生产线的购买总价值为 24M，第一次折旧为 8M，而全自动生产线购买总价值为 16M，第一次折旧为 5M。生产线折旧的费用将直接降低企业的权益。

正是因为生产线的这些特性，建设生产线时一般选择全自动生产线，辅助以 1 ~ 2 条柔性生产线，因为企业建设的柔性生产线价值太高，每年的折旧费用也相对较高，如果企业柔性线很多，尽管便于企业生产，但是企业权益下降较快，会影响企业的发展；而手工和半自动生产线的生产效率较低，不建议选择。

建设投资生产线还要考虑到产品的研发情况。如果在产品研发到第二次时就建设相关的生产线，并保持产品研发和生产线持续投资，就可以实现产品研发完成时正好可以进行对应产品的生产工作，从而不浪费产能。比如有的企业在第 1 年的第 4 季度进行 P3 产品的研发工作，并保持持续的研发，那么在第 2 年的第 1 季度就建设 P3 产品的生产线，并保持该生产线的持续建设，这样在第 3 年的第 1 季度 P3 产品刚刚研发好的同时就能生产 P3 产品。

建设生产线一般要充分利用厂房空间并考虑生产线的折旧等情况。充分利用厂房空间主要指能建设在自有厂房的生产线优先建设在自有厂房。如果自有厂房没有更多的空间，此时就建设在租赁的厂房中。如果有可能，最好一次性全部将厂房建设完，从而提高厂房的使用率。如果企业资金有限，不能一次建设那么多生产线，企业可以选择 C 厂房建设生产线，这样企业就不用支付更高的租金。生产线的折旧计算方法是：企业当年新安装的生产线和当年刚刚安装完成的生产线不需要进行折旧。因此，对全自动生产线和柔性生产线，如果在第 1 季度进行生产线的建设并保持持续建设，则在下一年第 1 季度就可以生产，同时该生产线能在下一年生产 4 个季度，再进入下下年才需要进行折旧 1 次。如果企业在第 1 年第 2 季度进行生产线的建设，则下一年第 2 季度才可以生产，尽管本年度不折旧，但是只能生产 3 个季度，而进入下下年就需要折旧 1 次。这种情况使得生产线折旧的次数不变，但生产产品数量减少。

如果企业计划在第 3 年的第 1 季度就生产 P3 产品，而且企业同时需要建设 3 条 P3 产品的生产线，那么可以在第 2 年的第 1 季度就建设 P3 产品的生产线，这样才能刚好在 P3 产品研发完成时就进行生产，降低单个产品生产线的折旧成本。

3. 生产计划

在经营模拟企业时,如果没有特殊情况(产品存货太多,企业根本无力进行新生产;或者企业等着卖生产线和厂房去还贷款),企业尽量不能让生产线停止生产。通过生产线的充分生产,从而提高生产线的利用率,降低单个产品的固定成本分摊。这就要求企业确保自己的原材料充足,同时建成生产线的相关生产产品已经研发完毕。生产时生产总监要根据订单的需求情况来进行调整和生产,特别要考虑不同产品的需求数量和订单的到款账期等情况,这些均会影响生产计划。

生产计划是宏观向微观的过渡性计划,是沟通企业前方(市场、销售等需求方)和后方(制造、供应等供应方)的重要环节,如图7-2所示。

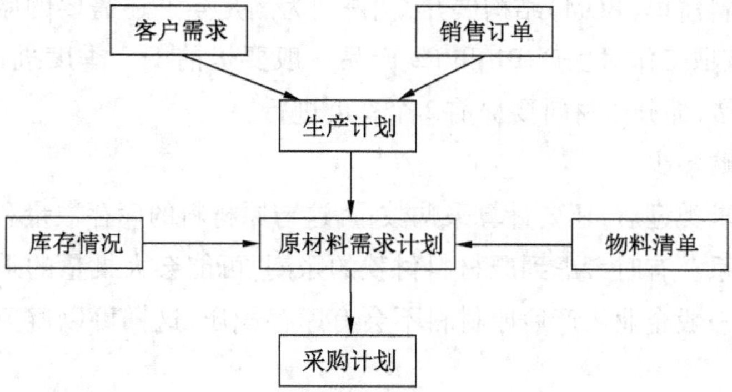

图7-2 生产计划

物料需求计划(MRP)是生产计划的具体化和生产正常实现的基础。

其中:

生产计划要回答A:生产什么?生产多少?何时生产?

物料清单回答B:用什么来进行生产?

库存情况回答C:已经有什么原材料?

原材料需求计划回答D:还缺少什么原材料?

它们共同构成了制造业的基本方程:$A \times B - C = D$。

通过充分的计划,可以保证企业每次生产后没有原材料剩余(部分时候由于柔性生产线转产等情况的发生,可能有原材料剩余),从而降低原材料的积压,减少企业的原材料库存。同时也可以保证生产线能持续不停地进行生产,从而降低单个产品的固定成本分摊。

如果在上一年关账时,企业产能的计算失误了,从而导致竞单时选单错误,有部分订单不能完成,这时也要考虑清楚如何进行生产才可以将损失降到最低。

一般遇到这种情况企业是先将加急的订单进行生产完成,再考虑对订单总金额高的订单进行相应的生产安排,而对订单总额低的订单进行违约。通过这种方式将企业的损失降到最低。

4. 采购计划

采购计划要回答3个问题:采购什么?采购多少?何时采购?

(1)采购什么

从沙盘的规则不难看出,采购计划的制订与原材料需求计划直接相关,并直接上溯到生产计划。根据生产计划,减去企业现有原材料的库存数量,并按照生产产品的物料清单(BOM)结构展开,就得到为满足生产还需要的原材料。需要注意的是,该项工作对生产P1和P2产品一般要提前1个季度进行;而对生产P3和P4产品,部分原材料要提前2个季度进行。

(2)采购多少

明确需求类型后,还要计算采购数量,这与原材料的库存数量和生产需求数量有直接联系。有时考虑到原材料付款的账期,可能会大批量的采购同一种原材料。但是一般企业生产后原材料不会有库存积压,这样可以避免原材料占用企业资金。

(3)何时采购

企业要达到"既不出现原材料短缺,又不出现库存积压"的管理境界,就要考虑采购的提前时期、库存原材料的数量、生产实际需求数量等相关因素。

(4)原材料采购的注意事项

在企业经营管理沙盘中,一般要根据生产情况判断企业需要采购的原材料类型和数量,值得注意的有两点:

① 原材料的采购周期不同

根据规则,R1和R2原材料需要提前1个季度进行采购,R3和R4原材料需要提前2个季度进行采购。生产各种产品的原料各不相同,具体如图7-3所示。

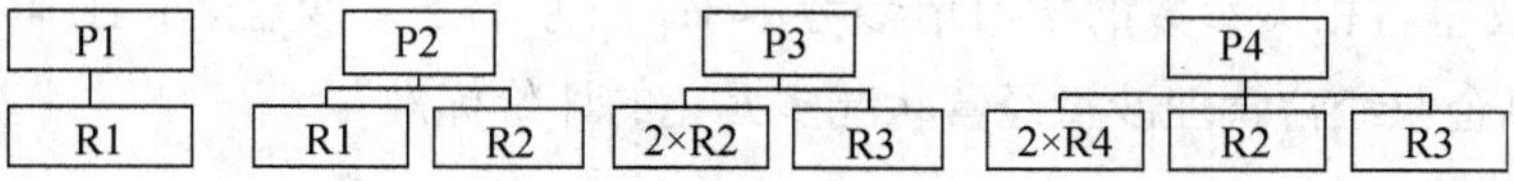

图 7-3 企业产品原材料物料清单

因此,采购原材料要考虑到:如果企业生产 P1 或 P2 产品,则需要提前 1 个季度进行采购;如果生产 P3 或 P4 产品,则部分原材料需要提前 2 个季度进行采购。

② 原材料的付款的账期不同

当企业预定的原材料到达企业时,企业必须照单全收,并按规定支付原料费用或计入应付账款。

采购原料的具体数量当然要根据生产需求来进行计算,具体每个产品需求的原材料情况计算如图 7-3 所示。但是企业也要考虑到一次采购同一种原材料的不同数量时,应付款账期的不同。具体数量与账期的关系见表 7-7。

表 7-7 原材料的采购与应付账款设置

原材料采购(每个原料价格 1M)		账期
每次每种原材料采购	6 个以下	现金
	6 ~ 10 个	1 个季度
	11 ~ 15 个	2 个季度
	16 ~ 20 个	3 个季度
	20 个以上	4 个季度

根据实训(竞赛)要求,沙盘软件只进行 6 年的模拟经营活动。依据表 7-7,有的企业到了第 5 年第 4 季度就采购 20 个以上的 R1 或 R2 原材料,在第 6 年第 1 季度接收到 R1 和 R2 原材料时形成 4 个季度的应付款账期,企业不需要支付现金,为企业增加现金流。同理,如果企业生产 P3 和 P4 产品,就需要提前 2 个季度预定 R2 和 R3 原材料,企业在第 5 年第 3 季度预定 20 个以上的 R3 或 R4 原材料,企业就刚好在第 6 年第 1 季度接收到 R3 和 R4 原材料,同样不需要支付现金。

注意:尽管大批量的采购同一种原材料企业不需要马上支付现金,但是企业的资产负债率会提高,企业的资金周转率、资产报酬率、速动比率和流动比率会降低。而这些数据是分析企业的经营情况的重要数据,以上情况表示企业的经营效果较差。相关参数的学习请参考本书“任务十三　沙盘运行工作总结”中的“(四)企业经营管理沙盘经营状况多元化的评价标准”。

5. 资金计划

企业经营过程中,各种费用的支付需要资金,各个市场的开发需要资金,到期还债需要资金,企业要想发展同样需要资金。如果企业没有一个准确详尽的资金计划,那么经营就会顾此失彼。因此,每年年初做好现金预测是非常必要的。

一般需要资金的地方包括原材料的采购、生产线开始新的生产、广告费、产品研发费、行政管理费、市场开拓费、ISO资格认证费、利息、订单违约罚金、所得税、厂房租赁费、生产线建设费、生产线维修费等。沙盘操盘手在单击进入“下一季度”前一定要看清楚下一季度的还款计划、应收款和应付款情况。特别是单击进入下一年的时候,更要在这些情况的基础之上考虑企业的发展和企业的广告费,在关账前核实要不要长期贷款等。

(三) 企业资金控制

做好企业的资金控制能够避免企业不必要的损失,避免企业破产。具体包括分析企业的综合管理费用、损益表、资产负债表。通过这些表可以分析企业的现状,特别是资产负债表中的权益,通过权益值甚至可以判断企业的经营情况、企业的生产线的建设情况、企业研发产品的现状等。所以说,熟练地掌握企业资金的控制,不仅仅能够对自己的企业进行更好的控制,也便于企业对竞争对手的经营情况进行分析。

1. 综合管理费用明细表

企业的综合管理费用明细表主要用于记录企业日常运营过程中发生的各项费用。表7-8为企业在模拟经营过程中涉及的相关综合管理费用。

表7-8　综合管理费用

付费项目	金额	备注
广告费		在综合费用中
设备维护费		
厂房租金		
生产线变更费		

续表

付费项目	金额	备注
行政管理费		在综合费用中,但沙盘在盘面上进行单独列出
市场准入开拓		
ISO资格认证		
产品研发		

广告费是企业每年年初在所有市场投入的广告费用的总和。

设备维护费是对不是当年建设完成的生产线进行维护产生的费用,每条生产线每年支付1M的维护费。

厂房租金主要是指企业将生产线建设在B或C厂房,而企业暂时又不购买该厂房时,需要每年支付一次的租金费用。

生产线转产费主要是部分生产线不生产原来的产品而生产新的产品时,需要对生产线进行转产,此时可能需要支付一定的现金费用和花费一定的时间。比如对全自动生产线,如果进行转产,则生产线需要2个季度的变更时间,同时每个季度还需要支付2M的费用,累计支付4M的转产费用。

行政管理费要求企业每个季度交1M,1年累计交费4M。

市场准入开拓指市场的开拓费用,只能在每年的年末操作一次,对每个市场的每次开拓均需要1M的开拓费用。

ISO资格认证指产品认证的费用,只能在每年的年末操作一次,对每种认证资格每次开拓均需要1M的开拓费用。

产品研发是指研发P2、P3、P4产品的费用,可以每个季度集中研发一次,每次的研发费用分别为1M,2M,3M。

2. 利润表

每年年末,企业均要核算当年的经营成果,一般通过企业编制的利润表(也称为损益表)可以较好地反映出企业当年的经营状况。表7-9所示为企业在模拟经营过程中涉及利润表的相关计算。

表7-9 利润表

项目	金额	备注
销售收入		企业当年销售产品的总金额
直接成本		各产品直接成本((单个产品的生产费用+原材料费用)×销售的产品个数)之和
毛利		毛利=销售收入-直接成本
综合费用		综合费用=行政管理费+广告费+设备维护费+租金+转产费+市场准入开拓+ISO资格认证+产品研发
折旧前利润		折旧前利润=毛利-综合费用
折旧		每条非当年建设完成的生产线价格÷3(4舍5入,当生产线价值不足3时,取1;当生产线价值为0时,不折旧)
支付利息前利润		支付利息前利润=折旧前利润-折旧
财务支出		长期贷款、短期贷款、民间融资、贴现等支付的利息
额外收入/支出		出售生产线、罚金
税前利润		税前利润=支付利息前利润+额外收入/支出-财务支出
所得税		先弥补企业前5年的亏损,然后按照税前利润的25%,4舍5入取整
年度净利润		年度净利润=税前利润-所得税

3. 资产负债表

资产是每个企业所有的固定资产和流动资产的总和。负债是企业借贷的费用及应交税、应付款。每年年末,企业均要编制反映企业财务状况的资产负债表。资产负债表可以分成资产表和负债表。资产表中各个项目的计算见表7-10。

表7-10 资产表

项目	数据变化原因分析
固定资产	
土地和建筑	自有厂房的出售、购买操作
机器和设备(含在建工程)	出售生产线可能导致该项价值变少,折旧也会使得价值变少,而建设新的生产线会增加该项价值
总固定资产	总固定资产=土地和建筑+机器和设备(含在建工程)
流动资产	

续表

项目	数据变化原因分析
现金	交税、广告费、接受并支付已定货物、产品研发、出售生产线获得的残值、建设生产线、生产线的变更、交货给客户获得的无账期的金额、违约罚金、到期应收款、到期应付款、短期贷款、民间融资、长期贷款、短期贷款还款及利息支付、民间融资还款及利息支付、长期贷款还款及利息支付、行政管理费、维修费、市场开拓、ISO认证费用、购买或租赁厂房等操作均有可能导致企业现金发生变化
应收款	交货给客户，获得的有一定账期的现金
在制品	生产线的更新生产、产品的完工入库均会改变该项价值。其值为生产线上产品直接成本之和(生产成本＋产品的原材料费用)
成品	更新生产、完工入库均有可能会改变该项价值(全自动生产线和柔性生产线更新生产就会实现完工入库的操作，但是手工生产线和半自动生产线在产品刚刚生产之初，更新生产会使得产品离产品下线更近，但并不能同时实现产品生产完工)。其值为库存中产品的直接成本之和
原料	库存中已有的原料成本
总流动资产	总流动资产＝现金＋应收款＋在制品＋成品＋原料
总资产	总资产＝总固定资产＋总流动资产

在资产表中，一定要注意机器和设备的折旧，折旧费用可能导致企业无法进行下一年的贷款。因此，要计算好企业本年度的所有者权益，并做好下一年需要进行短期贷款的计划。

负债表7-11中就反映了企业在当前的负债情况和企业所有者权益的增减情况。

表7-11 负债表

项目	数据变化原因分析
负债	
长期负债	长期贷款值
短期负债	短期贷款值、民间融资值
应付款	大批量采购同一种原材料，有一定的账期而导致的
应交税	即利润表中的“所得税”
总负债	总负债＝长期负债＋短期负债＋应付款＋应交税

续表

项目	数据变化原因分析
权益	
股东资本	45M(企业股东在企业经营之前投入的资本)
利润留存	企业之前经营获得的所有净利润之和
年度净利	即损益表中的“净利润”
所有者权益	所有者权益＝股东资本＋年度净利＋利润留存
负债加权益	负债加权益＝所有者权益＋负债

注意：企业资产负债表中的“资产”项目和“负债加权益”项目数据一定是一样的。如果财务总监在统计计算后发现不一样，肯定是在其他项目上计算有误。

4. 根据裁判公布的所有者权益、得分分析竞争对手的经营状况

根据负债表，只要知道企业的所有者权益，再结合上一年企业的所有者权益，就可以反推出企业的年度净利。

根据利润表，知道年度净利润就可以计算出竞争对手的税前利润，再计算竞争对手的财务支出(第1年每个企业均一样)并估算竞争对手的额外收入，就能计算出竞争对手支付利息前的利润，而企业在第1年的折旧费用是一定的(一般会将3条手工线出售，只有1条半自动线会折旧，也有可能半自动线也出售了，而其他生产线还在建设中，并不会折旧)，因此可以得到竞争对手的折旧前的利润，通过竞单的顺序判断竞争对手选定的订单，从而计算出竞争对手的销售收入和直接成本，进一步计算出竞争对手的毛利，结合计算出的折旧前的利润就可以计算出竞争对手的综合费用。而竞争对手在第1年的综合费用组成只有广告费、厂房租金、产品研发费、行政管理费、市场开拓费、ISO认证费，通过竞单的顺序结合企业投入的广告费，就可以大致估计竞争对手的广告费，最终可以得到该竞争对手的产品研发费，从而判断该企业的产品组成。

第1年可以根据年末裁判公布的权益推断出企业的研发产品结构，如果知道了企业的总固定资产，则可以推算出企业的生产线结构，进一步判断竞争对手的产能，从而企业能更好地计划下一年的广告费。

根据沙盘软件的得分规则，年末关账时企业的经营得分和企业所有者权益有如下关系：

$$得分=权益\times(1+总分\div100)$$

根据上述关系，结合裁判公布的各个企业的得分和权益，可以计算出其他竞争对手的总分，从而进一步判断竞争对手的经营情况。

根据得分规则，总分等于以下分数的总和：

① 开发完成的市场：区域加10分，国内加15分，亚洲加20分，国际加25分。

② 开发完成的ISO认证：ISO 9000加10分，ISO 14000加15分。

③ 目前拥有的安装完成的生产线：手工线/条加5分，半自动线/条加10分，全自动线/条加15分，柔性线/条加15分。

④ 目前拥有的自主产权的厂房：A厂房加15分，B厂房加10分，C厂房加5分。

⑤ 研发完成的产品：P2产品加5分，P3产品加10分，P4产品加15分。

⑥ 资金使用：未借高利贷加20分，未贴现加20分。

通过第1年的经营，竞争对手一般开发完成了区域市场，其他市场均未完成开发；尚未完成ISO认证；拥有自有厂房A，其他厂房一般没有；产品均未研发成功；没有借高利贷，没有贴现。依照此规则，可以计算得出竞争对手现有的生产线得分情况，从而判断竞争对手已经安装完成的生产线现状。此方法如果在第2年使用，可以更好地判断竞争对手的现状。

（四）企业经营的反思与总结

利润表、资产表和负债表的计算，需要在关账时多次运算，结合沙盘软件的数据，分析自己的计算情况和系统给出的结果的偏差，并分析失误的原因。通过分析，记录收获，完善小组成员的知识体系。有关资产负债表更详细的计算案例，请参考本书的“任务九　企业模拟经营第3－4年”。

如何利用年末公布的所有者权益和得分，判断出竞争对手的经营情况，这更需要小组成员多次练习。有关软件给出得分更详细的计算案例，请参考本书的“任务十　企业模拟经营第5－6年”。

通过第0年对企业的模拟经营，请大家交流一下：

① 本次操作学到了哪些知识？

② 什么知识最重要？为什么最重要？

③ 这么重要的知识，如何在现实中进行运用？

④ 在现实中运用这些知识的时候，有哪些问题？如何解决这些问题？

任务八　企业模拟经营第1-2年

能力(技能)目标

1. 能够较好地分析市场。

2. 能够根据市场变化调整自己的策略。

3. 能够较好地完成各项操作,避免企业不必要的损失。

知识目标

1. 能对企业的产能进行合理地计算。

2. 能较科学地制订销售计划、设备的投资与改造计划、生产计划、采购计划。

3. 能较合理地制订资金计划。

情景简介

各小组已经对企业进行了模拟操作,但是均在操作中发现了一些问题,结合第0年模拟操作的评价,各组重新模拟经营企业的第1年,并完成企业第2年的相关经营工作。各小组重做第1年的必要性:结合第0年的操作经营,有目的地进行经营,避免操作的盲目性。

任务分解

1. 分析市场。

2．根据市场变化调整自己的策略。

3．各项沙盘操作。

4．企业战略的选择。

任务要求

各小组能够较好地分析市场，能够根据市场的变化（包括产品需求、价格的变化及竞争对手策略的变化、市场竞争情况的变化）调整自己的策略，能够较好地完成模拟企业的各项经营操作，避免企业不必要的损失。

建议教学方法

学生分组经营、自我总结；教师点评学生操作。

建议课时

5学时。

一、实训目的及内容

小组成员能较好地通过市场预测对产品进行研发，能通过竞单活动对竞争对手进行分析，并能据此合理调整企业的经营策略。能完成企业的经营计划，并避免一些常见的不必要的错误。

二、实训步骤

（一）第1年策略的制定（产品研发投资）

在接手企业经营之前，小组成员就已经计划好了第1年的操作计划。一般不外乎以下几种策略：

1．稳健型的发展策略

企业在第1年第1季度只持续研发P2产品，在第4季度研发P3产品，并在第1年出售企业现有的所有的P1产品手工生产线，同时建设P2产品的全自动生产线，如果经营状况较好，可能会在第1年第1季度出售P1产品手工生产线后再在A厂房建设1条柔性生产线。

从市场的需求看，P2产品开始需求数量多，且毛利相对其他产品也较高，企业经营风险相对较小。至于在第1年第4季度研发P3产品，主要是防止有多个企业研发P2产品，导致企业的市场竞争压力太大，而企业在第2年就建设P3产品生产线并持续研发P3产品，这样既方便企业在第3年第1季度就可以生产P3产品，又可以避免企业陷入P2产品市场的激烈竞争中。

2. 冒进型的发展策略

企业在第1年第1季度只持续研发P3产品，同时在第1年出售P1产品的手工生产线，而只建设P3产品的全自动生产线。这种情况风险较大，但是一旦在第2年P3产品市场的竞争对手较少，则比较有优势。但是由于P3产品开始的需求数量和毛利较低，并且一旦有更多的企业选择该策略，企业风险就会较高。

3. 观望型的发展策略

企业在第1年开始前3季度不进行产品的研发，只在第4季度开始研发P2和P3产品，而在第2年放弃P2和P3产品市场，生产线方面可以适当建设1~2条柔性生产线以便于企业在第3年迅速转产。当竞争对手选择生产的产品分布比较悬殊时，该策略效果较好。但是一旦有其他竞争对手也采取该策略，或竞争对手选择生产的产品分布比较均衡，那么该策略就浪费了一年生产高级产品的机会，而且柔性生产线的折旧也比较高。此时，部分企业可能会选择放弃P2和P3产品而生产P4产品。

以上策略无所谓哪种方案更好，在第1年关账前企业无法判断竞争对手的情况。但是通过经营训练，可以提高小组成员在企业遇到不利情况时的判断能力和决策能力。

（二）第1年广告的投放策略

第1年广告投放的金额数量，其最大的作用是便于企业将来作为分析竞争对手的依据。所以一般第1年企业进行广告投放的金额比较适中，这样才会有判断的依据。一般情况下，企业不会投放1M作为广告费用，因为这样竞单时选单顺序过于靠后，无法判断竞争对手投入的广告费用。

（三）第 1 年年初 4 项工作的完成

第 1 年年初，各个企业会在裁判的宣布下快速进入沙盘操作，同时会尽快将广告费用投放好并提交。这是因为根据沙盘的规则，在选择订单时，同一市场同一产品，投入的广告费用多的企业可以优先选择订单，如果企业投入的广告费用是一样，那么率先投放广告的企业将优先获得订单的选择权，所以各个企业均会快速操作。当然广告费用的投入速度要快，但是也要避免误操作，比如在后期，有企业将 P2 产品在国内的广告费用投放了 P3 产品。

在第 1 年进行竞单选单时，因为企业在第 1 年产品充足，所以一般大家均选择总金额最大的订单。

（四）第 1 年生产线的操作

以观望型的保守型发展策略为例。

一般在第 1 年企业对生产线的常规操作方法是，只要手工生产线生产完成就立马出售，从而腾出空间用于建立全自动生产线或柔性生产线。对于半自动生产线，则根据企业第 1 年的经营情况决定第 4 季度是继续生产 P1 产品，还是出售该生产线，建设相关的全自动生产线或柔性生产线。

因为企业并不知道将来需要建设的是 P2 产品还是 P3 产品的生产线，所以企业并不急于将手工线出售，只要手工线不影响第 2 年第 1 季度建设全自动生产线就可以了。因此，按照该思路，企业原始的 4 条生产线只有下面的 3 条生产线可以进行再一次的生产，而第 1 条生产线在第一次产品下线后就必须出售，从而保证第 2 年第 1 季度企业就可以全面建设 P2 或 P3 产品的全自动生产线。

原始企业经营团队接手企业生产线状况，即第 1 年第 1 季度生产线未更新情况，具体生产线的状态如图 8-1 所示。

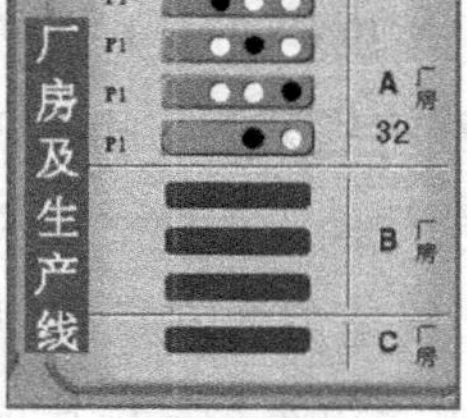

图 8-1　沙盘原始生产线经营状态

企业在第 1 年第 1 季度进行生产线更新并进行新的生产后，生产线的状态效果如图 8-2 和图 8-3 所示。

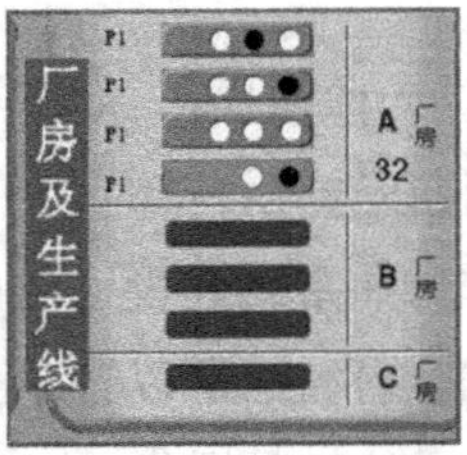

图8-2　第1季度生产线更新

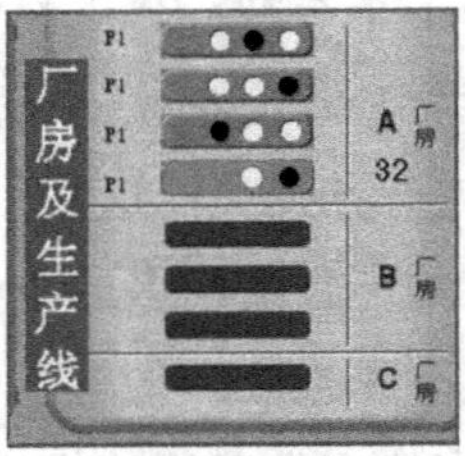

图8-3　第1季度生产线进行新的生产

第1年第1季度第3条手工生产线将生产出1个P1产品，由于企业采用观望的策略，企业并不急于在第1年就建设全自动生产线或柔性生产线，所以企业暂时对厂房空间并没有要求。如果企业此时就将该手工生产线出售，转而建设柔性生产线或者P1产品的全自动生产线，这样企业后期如果经营不善，风险就会较大。如果企业暂时不出售该手工生产线，那么这条手工生产线能不能进行P1产品的生产呢（以不影响第2年第1季度企业建设生产线为前提）？如果该手工生产线在第1年第1季度进行P1产品的生产，那么接下来该生产线的生产过程见表8-1。

表8-1　手工生产线生产情况

时间	生产线状态	生产线图例
第1年第1季度	进行新生产	
第1年第2季度	进行第1次更新	
第1年第3季度	进行第2次更新	
第1年第4季度	第3次更新，产品下线	

按照该手工生产线的生产流程，生产的P1产品将在第1年第4季度下线，此时该生产线一共花费了3个季度生产了1个产品，显然如果这时继续使用该生产线生产新的产品，该生产线将到第2年的第3季度才能空置，这将导致第2年第3季度才能出售该生产线，从而无法建立相应的全自动生产线，所以本生产线不能继续生产。如果将生产线空置放在厂房，那么年末又要付1M的设备维护费，所以企业可以选择在第1年第4季度出售该生产线。

企业在第1年第2季度进行生产线更新并进行新的生产后，生产线的状态效果如图8-4和图8-5所示。

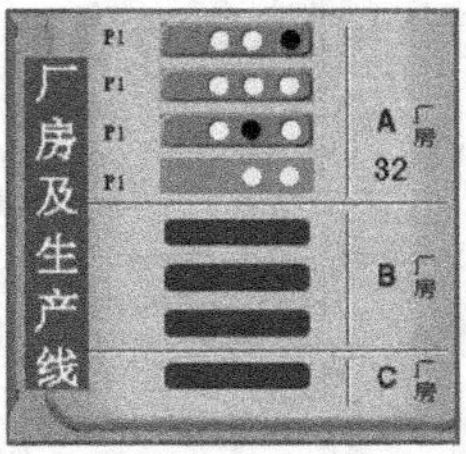

图 8-4　第 2 季度生产线更新

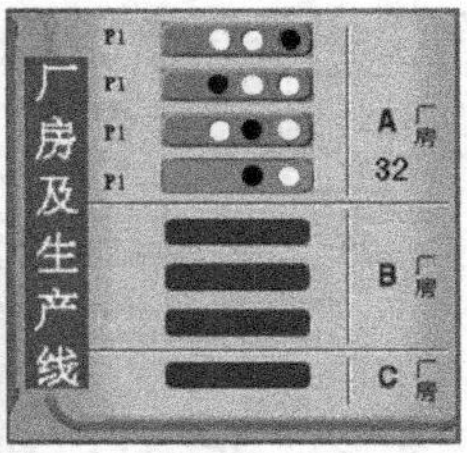

图 8-5　第 2 季度生产线进行新的生产

此时第 2 条 P1 产品的手工生产线同样可以进行 P1 产品的生产，这样刚好在第 2 年第 1 季度实现产品下线，此时刚好可以出售生产线，并进行全自动生产线。

企业在第 1 年第 3 季度进行生产线更新后，生产线的状态效果如图 8-6 所示。

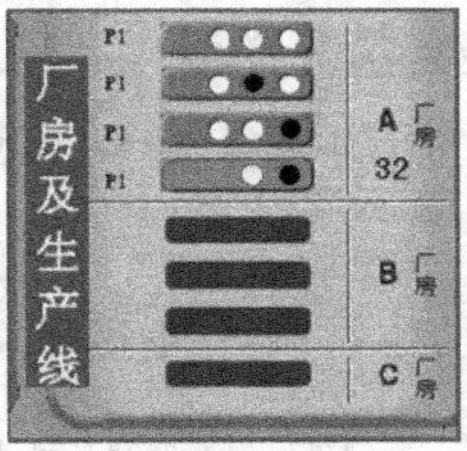

图 8-6　第 3 季度生产线更新

此时第 1 条 P1 产品的手工生产线不能再进行新的生产。如果这条生产线进行新的生产，那么要等到第 2 年第 2 季度才能生产完 P1 产品，这将导致厂房在第 2 年第 1 季度无法新建新的全自动生产线，所以在第 1 年第 3 季度就可以将本生产线出售。如果企业经营状况许可，可以新建柔性生产线，也可以等第 2 年第 1 季度再建设 P2 或 P3 产品的全自动生产线。本案例中只将该生产线销售，暂时不建设柔性生产线。企业生产线调整后的状况如图 8-7 所示。

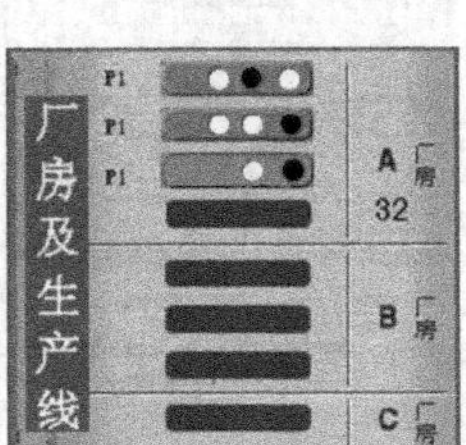

图 8-7　第 3 季度生产线调整后的状况

企业在第1年第4季度进行生产线更新后,生产线的状态效果如图8-8所示。

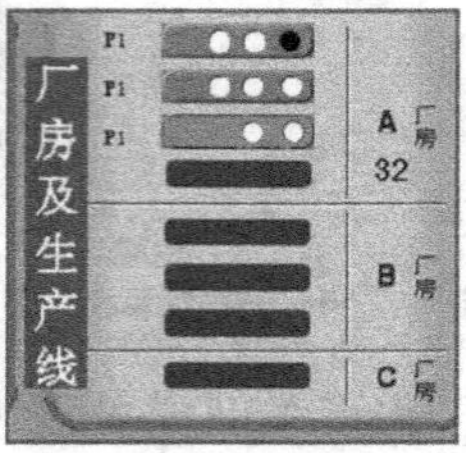

图8-8　第4季度生产线更新

此时第2条P1产品的手工生产线不能再进行新的生产。如果这条生产线进行新的生产,那么要等到第2年第3季度才能生产完P1产品,这将导致厂房在第2年第1季度无法新建新的全自动生产线,所以在第1年第4季度就可以将本生产线出售。如果企业经营状况许可,可以新建柔性生产线,也可以等第2年第1季度再建设P2或P3产品的全自动生产线。本案例中只将该生产线销售,暂时不建设柔性生产线。

此时第3条P1产品半自动生产线不能再进行新的生产。如果这条生产线进行新的生产,那么要等到第2年第2季度才能生产完P1产品,这将导致厂房在第2年第1季度无法新建新的全自动生产线。考虑到企业投入生产线的成本过高,而且第2年企业仍旧可能只从事P1产品的生产,本半自动生产线可以进行新的生产,从而降低企业经营风险;当然也可以将该生产线出售,为第2年建设全自动生产线预留空间;还有企业将本生产线空闲,然后在第2年再做决定。本案例中采取半自动生产线进行新的生产的方式进行,具体情况如图8-9所示。

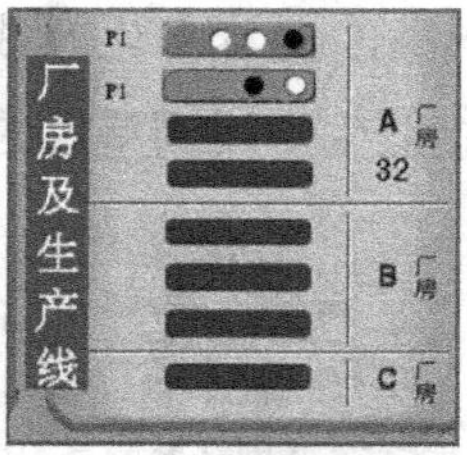

图8-9　第4季度生产线调整后的状况

（五）第1年原材料的采购操作

对于研发P2产品的企业而言,第1年并不需要进行原材料的采购,因为原来就有R1的原材料，可以满足企业P1产品的生产。而P2产品的生产要等到第2年第2季度才能进行，所需要的R2原材料只需要提前1个季度进行采购就可以了，因此，一般研发P2产品的企业，第1年并不需要进行原材料的采购操作。

对于研发P3产品的企业而言，在第1年第4季度需要采购R3原材料，按照P3产品的研发进度，一般在第2年第2季度就可以进行P3产品的生产，而每生产1个P3产品需要2个R2和1个R3原材料，对一条在第2年第2季度生产P3产品的生产线而言，需要在第2年第1季度采购2个R2原材料并在第1年第4季度采购1个R3原材料。

对于采用观察型发展策略的企业而言，由于其在第3年第1季度才生产P2或P3产品，所以在第1年并不需要采购R2和R3原材料。由于企业原有的原材料库存有4个R1，且在第1年第1季度还有2个R1到货，所以R1原材料在第1年也不需要采购。

（六）第1年的长期贷款

对于绝大部分企业而言，第1年一般会将长期贷款的额度用光，即在已经长贷40M的基础之上再贷款60M。这部分融资将用于生产线等固定资产的投资建设。

但对于采用观察型发展策略的企业而言，如果经营得好，第1年年末的所有者权益可能达到50M，一般也能达到40M，所以如果第1年不长贷，也可以在第2年年末进行长期贷款。具体情况应结合第1年广告的投入和产出的情况进行分析。

（七）第1年的市场开拓/ISO认证

由于本工作在关账前执行，所以企业完全能做出如下判断：

在完成本项工作后，企业还有的所有者权益。

在进行本项工作前需要查看企业现有的所有者权益，然后判断如何进行本项工作。

比如在市场开拓和ISO认证前，通过查看企业的所有者权益是45M，此时如果进行区域市场、国内市场、亚洲市场和国际市场的开拓，并进行ISO 9000和ISO 14000的认证工作，那么企业的所有者权益将会变成39M，则企业在第2年的融资额度将变为60M（计算方法：39M × 2 = 78M = 60M + 18M，依据贷款额度的计算规则)。在这种情况下,企业只开拓其中的 5 项,从而保证企业的贷款额度。根据未来市场对产品的需求情况,可以选择一项暂时不开拓,从而可以保证企业的权益。以 10 组订单为例,市场开拓每年都有新的市场有产品的需求出现,所以每年均需要对所有市场进行开发。而对 ISO 认证有需求的产品在第 4 年才有要求,但是该认证只需要研发 2 年,所以如果资金不够,可以暂时一年不研发。ISO 14000 在第 5 年就有需求,但该认证必须研发 4 次,所以必须不间断地进行研发。

(八) 关账

关账前需要仔细核对企业的现有现金情况,特别要考虑到下一年度的广告投入资金及下一年第 1 季度需要还短期贷款和民间融资的金额,还有是否要交税的情况。同时,在关账前企业应该计算好下一年度各产品可以销售的数量(下一年产品可以销售的数量 = 本年度产品的库存数量 + 下一年度产出数量 - 本年度订单的违约数量),并根据下一年度市场预测的情况结合企业各产品可以销售的数量,同时结合自己第 1 年广告投入的广告费用和选单顺序进行广告方案的制订。

比如对该企业(第 1 年企业关账后的盘面见图 8-10)第 2 年可以销售的产品数量计算如下:

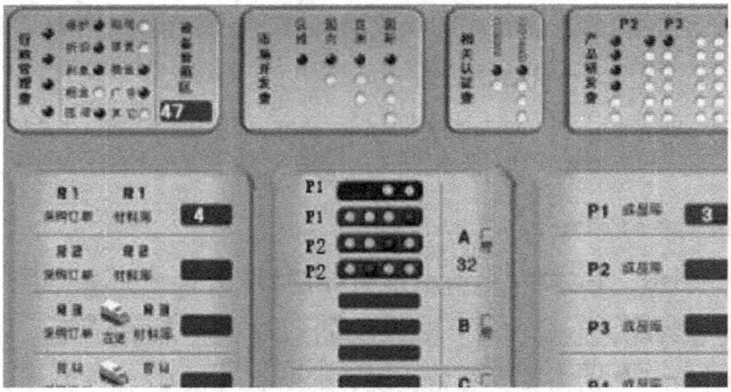

图 8-10　第 1 年企业关账后的部分盘面

第 1 年产品库存情况:P1 产品共 3 个,无其他产品库存。

第 2 年产品生产情况:

对于第 1 条生产 P1 产品的半自动生产线:如果在第 2 年不出售和转产,那么可以生产出 2 个 P1 产品;如果出售该生产线,用于建设全自动生产线,则可以生产出 1 个 P1 产品。这里将这条生产线出售。

对于第 2 条生产 P1 产品的柔性生产线：本生产线在第 2 年第 1 季度就建设完成。第 1 季度可以生产 1 个 P1 产品，但是该产品在第 2 季度才能获得。企业在第 2 季度是否继续生产 P1 产品，取决于在竞单时获得的 P1 和 P2 产品的订单的具体情况。如果持续生产 P1 产品，该生产线一共可以生产 3 个 P1 产品，在第 4 季度转产更高级的产品，而第 4 季度生产的产品只能在下一年的第 1 季度获得。如果第 2 季度转产 P2 产品，则该生产线一共可以生产 1 个 P1 产品和 2 个 P2 产品。

对于第 3 条生产 P2 产品的全自动生产线：本生产线在第 2 年第 2 季度建设完成。该生产线在第 2 年第 2 季度也可以进行 P2 产品的生产工作，所以在本年度也可以生产 2 个 P2 产品。

对于第 4 条生产 P2 产品的全自动生产线：本生产线在第 2 年第 3 季度建设完成。该生产线在第 2 年第 3 季度也可以进行 P2 产品的生产工作，所以在本年度也可以生产 1 个 P2 产品。

所以第 2 年生产线生产的产品数量见表 8-2。

表 8-2　产品生产详细分析表

生产线	生产产品的种类及数量	
	P1 产品	P2 产品
第 1 条半自动生产线	1 个	
第 2 条柔性生产线	1,2 或者 3 个	2,1 或者 0 个
第 3 条全自动生产线	生产产品非此型号	2 个
第 4 条全自动生产线		1 个
总计	2,3 或者 4 个	5,4 或者 3 个

由于企业第 1 年 P1 产品的库存数量为 3 个，所以第 2 年订单时，企业可以获得的订单累计产品见表 8-3。

表 8-3　销售产品的可能方案表

	销售产品的种类及数量组合	
	P1 产品	P2 产品
可能方案 1	3 个 +2 个 =5 个	5 个
可能方案 2	3 个 +3 个 =6 个	4 个
可能方案 3	3 个 +4 个 =7 个	3 个

一共可以销售 10 个产品。

这样计算,可以方便企业在选择订单的时候,根据选单的情况和市场对手竞单的情况进行调整。

根据第 2 年的市场预测图,P1 和 P2 产品在第 2 年的需求如图 8-11 和图 8-12 所示(以 10 组订单为例)。

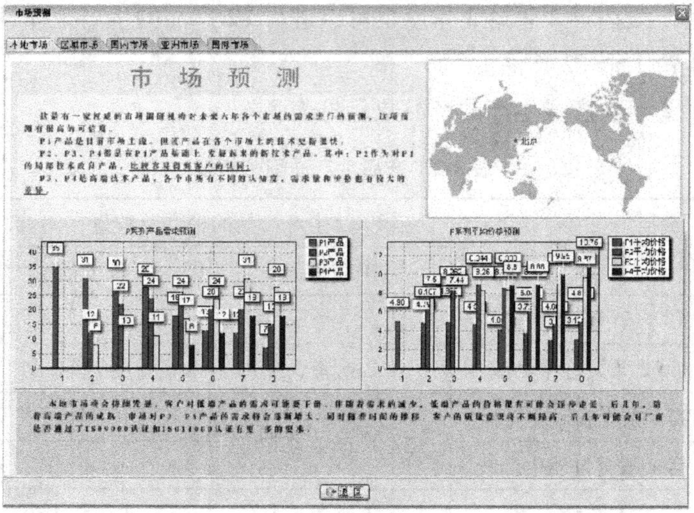

图 8-11　本地市场预测图

本地市场:

P1 产品需要 31 个,平均价格为 4.7M;

P2 产品需要 12 个,平均价格为 6.2M。

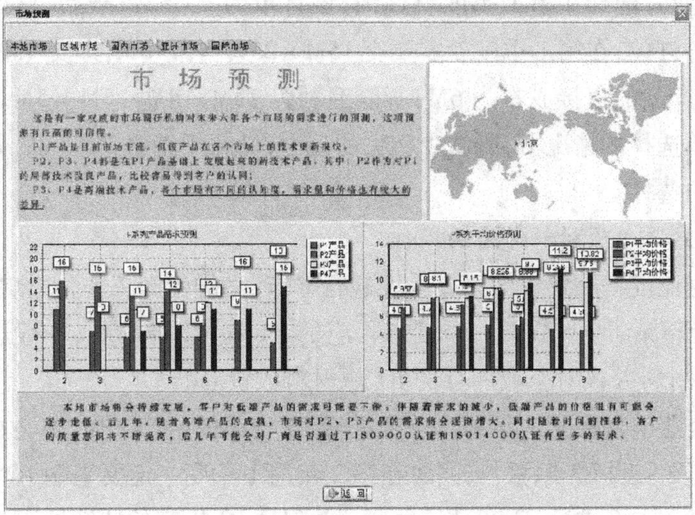

图 8-12　区域市场预测图

区域市场：

P1 产品需要 11 个，平均价格为 4.6M；

P2 产品需要 16 个，平均价格为 6.8M。

结合本企业在第 1 年广告投入值为 5M，第 3 个选订单，考虑到可能有企业不研发 P2 产品，所以企业决定在第 2 年广告的投入上进行见表 8-4 的操作。

表 8-4　广告投入表

	本地	区域
P1 产品	4M	3M
P2 产品	1M	2M

因为 5 个 P2 产品销售不出去，来年 P2 产品的毛利更高，P1 产品只有 5 个，但是只在本地市场选择 P1 产品并不能销售完 P1 产品，所以区域也投 3M，这样基本可以全部销售完。

（九）第 2 年订单的选择

一般企业在选择订单的时候，如果企业没有相关产品的库存，就不会选择相应产品的加急订单，但是有时候也有特殊情况。比如：在市场需求中有第 2 年 P2 产品的加急订单，该加急订单要求企业在第 1 季度就交货，但是实际情况是企业最快在第 2 年的第 3 季度才能有 P2 产品生产出来，所以如果选择了该订单，那么企业肯定会在第1季度就违约，该订单为2个P2产品，总订单金额为15M的加急订单，在第1季度就需要交15M×25%＝3.75M，即交4M的违约金，而2个P2产品的直接成本为6M，所以毛利为15M－4M－6M＝5M。如果企业在没有订单选择的情况下，既缺少相关的现金，又急于销售P2产品，此时该订单也是不错的选择。

（十）第2年原材料的采购操作

如果企业准备在第2年第2季度进行P2产品的生产工作，那么在第2年第1季度一定要保证企业在下一季度有相应的R1和R2原材料，一般这个时候要采购R2原材料并核对企业库存的R1原材料数量。

如果企业准备在第2年第2季度进行P3产品的生产工作，那么在第1年第4季度一定要采购R3原材料，同时在第2年第1季度一定要采购R2原材料，用于第2年第2季度进行P3产品的生产。为保证P3生产的持续性，在第2年第1季度也要采购第2年第3季度进行P3产品生产的R3原材料。一般企业每个季度均要采购R2和R3原材料，采购时要考虑好生产线的建设完工情况，避免出现企业相应生产线已经建设完工但缺少原材料的情况。同时在每次生产线更新后，企业原材料库存也应该尽量做到零库存，这样可以避免出现企业贷款买原材料的情况，从而降低企业的财务成本。

（十一）第2年产品研发投资

企业在第2年一般会按照第1年研发的产品情况持续研发相应的产品，并在第2年第2季度进行生产。如果企业经营情况较好，可能会研发其他相关的产品；如果经营情况不佳，一般不研发。企业研发好相关的产品后，通常会马上进行大批量的生产，从而使得各产品的单位研发成本降到最低。为保证研发完成时相关的产品就能马上进行生产，一般会在产品第2次研发时建设相应的全自动生产线。所以要进行该产品的研发，企业要做好现金预算，尽量避免研发暂停或者研发完成但无相应生产线生产的情况出现。

对于在第1年使用观望策略的小组，在第2年研发产品对象的选择，取决于对第2年竞单情况的分析。如果绝大部分企业进行P2产品的选择，本企业就进行P3产品的研发工作，反之就进行P2产品的研发工作；如果选择P2产品和P3产品的企业数量相近，企业可以选择研发P4产品，这样可以避免市场的竞争。

(十二) 所有者权益的计算

企业在经营过程中必须全面考虑企业的经营情况,应该在拿到订单的时候就算出企业关账时的权益。一般涉及企业所有者权益变化的方面主要有:税收、广告、支付利息、贴现、产品研发、生产线出售、生产线转产、行政管理费用的支付、设备维修费、厂房租金、折旧、市场开拓和 ISO 认证工作。

通过计算,企业可以做出如下计划:能不能进行生产线的生产、ISO 认证是否进行等。

(十三) 企业经营的反思与总结

通过第 1 - 2 年的经营,请大家交流一下:

① 本次操作有哪些遗憾、失误?

② 如何避免上述问题再次发生?

③ 学到最重要的是什么? 为什么觉得最重要?

任务九　企业模拟经营第3-4年

能力（技能）目标

1. 能够计算企业的损益表。
2. 能够计算企业的资产负债表。
3. 能够根据企业的损益表和资产负债表的情况，进行企业战略的调整。

知识目标

1. 能进行综合管理费用的计算。
2. 能进行损益表的计算。
3. 能进行资产负债表的计算。

情景简介

各小组已经对企业进行了模拟经营操作，但是如何评价企业的经营状况呢？通过计算、分析企业的损益表和资产负债表，可以准确地了解企业的经营状况，具体可以精确到每一分钱。

任务分解

1. 综合管理费用的计算。
2. 损益表的计算。
3. 资产负债表的计算。

4. 企业战略的调整。

任务要求

能够较准确地计算企业的综合管理费用及企业损益表和资产负债表。通过分析数据，能够明确在企业的模拟经营管理中，哪些操作会减少企业的利润和权益，从而在经营企业时尽量避免。

建议教学方法

教师讲授、示范；学生分组学习；学生模拟经营沙盘进行相应的操作。

建议课时

3 学时。

一、实训目的及内容

通过对模拟企业各项经营活动的分析，小组成员能完成对企业综合管理费用的计算，同时计算出企业的损益表和资产负债表，并以这些数据进行分析，合理地对企业的经营战略进行调整。

二、实训步骤

在“任务七　企业模拟经营第 0 年”中主要介绍了综合管理费用的计算、损益表的计算及资产负债表的计算。在本任务中，将结合企业经营管理沙盘中关账时给出的损益表、资产负债表（见图 9-1）和企业的经营盘的面图（见图 9-2）进行具体讲解。

结帐

得分：104　得分规则

损益表

项目	关系表达式	上年值	当年值
销售	+	25	124
直接成本	-	-10	-60
毛利	=	15	64
综合费用	-	-25	-15
折旧前利润	=	-10	49
折旧	-	-1	-19
支付利息前利润	=	-11	30
财务收入/支出	-	-11	-11
额外收入/支出	+/-	0	0
税前利润	=	-22	19
所得税	-	0	0
净利润	=	-22	19

资产负债表

项目	关系表达式	上年值	当年值	项目	关系表达式	上年值	当年值
固定资产				负债			
土地和建筑	+	32	32	长期负债	+	100	100
机器和设备（含在建工程）	+	58	39	短期负债	+	20	40
总固定资产	=	90	71	应付款	+	6	6
流动资产				应交税	+	0	0
现金	+	9	42	总负债	=	126	146
应收款	+	14	50	权益			
在制品	+	14	12	股东资本	+	45	45
成品	+	20	12	利润留存	+	-1	-23
原料	+	1	0	年度净利	+	-22	19
总流动资产	=	58	116	所有者权益	=	22	41
总资产	=	148	187	负债加权益	=	148	187

图 9-1　软件提供的损益表/资产负债表

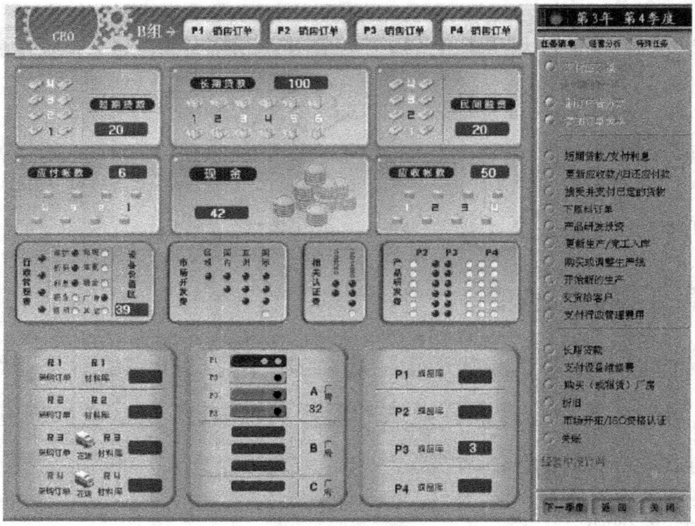

图 9-2　企业经营盘面

根据模拟企业的经营盘面，可以做出如下分析：

该企业已经对第 3 年进行了关账，在下一年第 1 季度就要归还 20M 短期贷款。企业现有库存 3 个 P3 产品，有 3 条正在进行 P3 产品生产的生产线，在下一年的第 1 季度就能有 3 个 P3 产品下线。企业在下一年第 1 季度可以交货 3 + 3 = 6 个 P3 产品，如果原材料的预定没有问题，下一年企业就可以生产出 12 个 P3 产品（含第 1 季度下线的 3 个 P3 产品，现有的 P1 半自动生产线进行出售，建设产能更高的生产线）。企业在下一年一共可以出售 15 个 P3 产品。其实企业本季度就可以出售 P1 产品的半自动生产线，这样可以减少生产线的维修费。企业在第3年第4季度就可以建设P3产品的全自动生产线，这样比在第4年第1季度建设该生产线可以多生产一个P3产品。如果是这样，这条全自动生产线就要在第5年、第6年进行折旧，折旧费用分别是16M÷3＝5.3M≈5M（4舍5入取整），11M÷3＝3.66M≈4M（4舍5入取整）。如果企业现在竞争不激烈，一个P3产品利润高于4M，就可以这样操作，否则该生产线可以到第4年第1季度进行建设。

（一）综合管理费用的计算

1．综合管理费的计算

在“任务七　企业模拟经营第0年”中给出了综合费用的计算表格，见表9-1。

表9-1　综合管理费明细表

项目	金额	备注
行政管理费		在综合费用中，但沙盘盘面中单独列出
广告费		在综合费用中
设备维护费		在综合费用中
厂房租金		在综合费用中
生产线变更费		在综合费用中
市场准入开拓		在综合费用中，但沙盘盘面中单独列出
ISO资格认证		在综合费用中，但沙盘盘面中单独列出
产品研发		在综合费用中，但沙盘盘面中单独列出
合计		

在企业经营管理模拟沙盘的盘面上，当鼠标放置在“综合管理费用信息”部分，系统将提示模拟经营的企业现在已经支付的综合管理费用，如图9-3所示。但是在沙盘软件中相关的综合管理费用并没有整合到一起，同时在沙盘盘面上还有些信息表述和损益表不符合。如图9-3中，将企业的设备折旧也计入了综合管理费用，不符合沙盘软件给出的损益表的描述。所以在本书中，将折旧费用计入损益表，从而使得沙盘盘面的数据和沙盘软件给出的损益表统一。

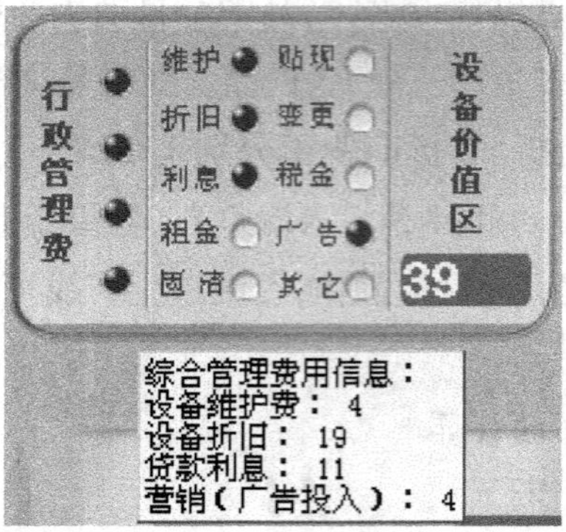

图 9-3　软件提供的"综合管理费用信息"

通过企业一年的模拟经营活动，本年所上交的综合管理费用计算如下：

① 行政管理费

4M(4 个季度，每个季度需要交 1M，4×1M＝4M)。

② 广告费

4M(企业在制订广告方案中投入的所有广告金额之和)。

③ 设备维护费

盘面中 4 条生产线，每条非当年建设完成的生产线在年末需要进行维护，每条 1M，共 4M。

④ 厂房租金

0M(A 厂房是企业的自有厂房，不需要租金。本年度企业没有使用 B 和 C 厂房，也不需要租金)。

⑤ 生产线变更费

0M(没有对生产线进行转产等操作)。

⑥ 市场准入开拓

2M(对亚洲市场和国际市场进行了开拓，每个市场开拓需要花费 1M)。

⑦ ISO 资格认证

1M(对 ISO 14000 进行了认证，每次认证需要花费 1M)。

⑧ 产品研发

0M(没有对产品进行研发)。

因此，综合管理费用见表 9-2。

表 9-2　综合管理费明细表

项目	金额
行政管理费	4M
广告费	4M
设备维护费	4M
厂房租金	0M
生产线变更费	0M
市场准入开拓	2M
ISO 资格认证	1M
产品研发	0M
合计	15M

2. 不计入综合管理费用中的数据

需要明确指出的是，沙盘盘面上部分综合管理费用信息并不计入综合管理费用之中（见表 9-3），比如沙盘中的“折旧”“利息”“固清”“贴现”“税金”“其他”等，这些费用不计算在综合费用中，但沙盘盘面中将该信息放在综合管理费用信息中，这些数据部分将在“损益表”中进行计算。

表 9-3　不计入综合管理费用中的数据

项目	金额	备注
折旧	19M	在损益表中的“折旧”项目。若出售生产线，也无法避免折旧。本费用将直接降低企业的机器和设备价值
利息	11M	在损益表中的“财务收入/支出” 项目，包括短期、长期、民融贷款利息及贴现
固清	0M	清理固定资产需要的费用，沙盘中主要指生产线的清理。生产线的固清 = 生产线当前价值 - 本生产线今年折旧的费用。沙盘中固定清理费用肯定大于 0。本费用将直接降低企业的机器和设备价值
贴现	0M	在损益表中的“财务收入/支出” 项目
税金	0M	不在综合费用中，在损益表中的“所得税” 项目中，当年需要交的税金，计入企业的负债中
其他	0M	不在综合费用中，主要是订单违约时要交的罚金。罚金计入损益表的“额外收入/支出”中

① 设备折旧

接手企业时的一条半自动线在第3年的价值为2M，因为该线价值不足3M，且不为0M，所以本生产线当年折旧费用为1M。折旧后该生产线价值为2M - 1M = 1M。

在第1年企业建设了一条柔性型生产线，第2年建设完成，当年不进行折旧，当时该生产线价值24M，在第3年该生产线还是价值24M，本年本生产线应该折旧费用为24M ÷ 3 = 8M。折旧后该生产线价值为24M - 8M = 16M。

在第1年企业建设了两条全自动型生产线，第2年建设完成，当年不进行折旧，当时这两条生产线价值16M，在第3年该生产线还是价值16M，本年本生产线应该折旧费用为16M ÷ 3 = 5.33M ≈ 5M（4舍5入取整）。折旧后该生产线价值为16M - 5M = 11M。

因此，折旧后“设备价值区”应该是1M + 16M + 11M + 11M = 39M；而第3年设备的折旧费用应该是1M + 8M + 5M + 5M = 19M。

② 利息

本年度短期贷款20M到期，支付利息1M，长期贷款100M，支付10M的利息，一共支付利息1M + 10M = 11M。

③ 固清

本年度没有进行固定资产的清理工作，所以相关费用为0。

④ 贴现

本年度没有进行贴现操作，所以相关费用为0。

⑤ 税金

本年度没有赢利，所以相关费用为0。

⑥ 其他

本年度没有订单违约，所以相关费用为0。

3. 生产线出售的相关计算

这里补充讲解一些有关生产线出售带来的相关计算。

根据沙盘规则，有价值的生产线每年均需要进行折旧。即使将某条生产线出售，也不能避免该生产线的折旧，但是企业可以获得相应的收益，同时也可以获得一些额外的收入或支出，沙盘上“固清”项也会进行相应的更新。这里将会在不同的年份出售不同的生产线，以此来分析出售生产线给企业的所有者权益和固清带来哪些变化。出售的生产线见表 9-4。

表 9-4　生产线出售情况明细表(空表)

生产线类型	建设年份	出售年份	当前价值	收益（残值）	折旧	固清	额外收入/支出	权益变化值
手工线	原有	第 1 年						
半自动线	原有	第 1 年						
半自动线	原有	第 2 年						
全自动线	第 1 年	第 2 年						
柔性线	第 1 年	第 2 年						
半自动线	原有	第 3 年						
全自动线	第 1 年	第 3 年						
柔性线	第 1 年	第 3 年						
半自动线	原有	第 4 年						
全自动线	第 1 年	第 4 年						
柔性线	第 1 年	第 4 年						
半自动线	原有	第 5 年						
全自动线	第 1 年	第 5 年						
柔性线	第 1 年	第 5 年						
半自动线	原有	第 6 年						
全自动线	第 1 年	第 6 年						
柔性线	第 1 年	第 6 年						

表 9-4 中，建设的生产线均是持续不间断建设的，表中的收益是生产线出售的残值。

折旧是生产线当前价值 ÷3(4 舍 5 入，当生产线价值不足 3 时，取 1；当生产线价值为 0 时，不折旧)。

固清 = 生产线当前价值 − 折旧费用。

权益：即企业的所有者权益。企业出售生产线可能会导致企业的所有者权益发生变化。企业权益变化的计算方法：企业权益变化值 = 收益 − 当前价值。注意这项操作不一定就会导致企业权益的降低。比如将企业在第 1 年接手时原有的半自动生产线在第 5 年出售，此时企业的所有者权益可以增加 2M。这时可以理解为：本生产线在企业的生产活动中没有价值，但是在社会活动中，还有2M的价值。

额外收入/支出 = 当前收益 - 固清 = 当前收益 - 生产线当前价值 + 折旧费用。此项表示企业通过生产线的出售，可能给企业带来收益或损失的费用。

根据沙盘的规则，表9-4可以填写为表9-5的形式。

表9-5　生产线出售情况明细表

生产线类型	建设年份	出售年份	当前价值	收益（残值）	折旧	固清	额外收入/支出	权益变化值
手工线	原有	第1年	2M	1M	1M	1M	0M	-1M
半自动线	原有	第1年	4M	2M	1M	3M	-1M	-2M
半自动线	原有	第2年	3M	2M	1M	2M	0M	-1M
全自动线	第1年	第2年	16M	4M	0M	16M	-12M	-12M
柔性线	第1年	第2年	24M	6M	0M	24M	-18M	-18M
半自动线	原有	第3年	2M	2M	1M	1M	1M	0M
全自动线	第1年	第3年	16M	4M	5M	11M	-7M	-12M
柔性线	第1年	第3年	24M	6M	8M	16M	-10M	-18M
半自动线	原有	第4年	1M	2M	1M	0M	2M	1M
全自动线	第1年	第4年	11M	4M	4M	7M	-3M	-7M
柔性线	第1年	第4年	16M	6M	5M	11M	-5M	-10M
半自动线	原有	第5年	0M	2M	0M	0M	2M	2M
全自动线	第1年	第5年	7M	4M	2M	5M	-1M	-3M
柔性线	第1年	第5年	11M	6M	4M	7M	-1M	-5M
半自动线	原有	第6年	0M	2M	0M	0M	2M	2M
全自动线	第1年	第6年	5M	4M	2M	3M	1M	-1M
柔性线	第1年	第6年	7M	6M	2M	5M	1M	-1M

以企业经常有可能在第1年出售的手工线为例进行计算：

企业原有的手工线在第1年的当前价值为2M，现在在第1年进行出售，根据软件规则，手工线的出售可以获得残值1M，即企业的收益。此时企业的所有者权益的变化值为1M - 2M = -1M，即此时出售该生产线将降低1M的权益。该生产线的当年价值不足2M，所以折旧值为1M。固清为清理该生产线的费用：

当前生产线的价值-折旧费用,即2M-1M=1M。企业由此导致的额外收入/支出为企业出售生产线获得的残值-固清=1M-1M=0M。

（二）损益表的计算

1. 损益表的计算

损益表(见表9-6)能够反映企业的经营状况。包括企业的销售总金额、产品的总成本、企业获得的毛利、企业销售产品的相关综合费用、企业生产线的折旧费用、利息等财务费用的支出、本年度经营后下一年企业应交的税费等。

表9-6　损益表

项目	金额	备注
销售		订单销售的总金额
直接成本		各产品直接成本(单个产品的成本×销售的产品个数)之和
毛利		毛利=销售收入-直接成本
综合费用		综合费用=行政管理费+广告费+设备维护费+租金+转产费+市场准入开拓+ISO资格认证+产品研发
折旧前利润		折旧前利润=毛利-综合费用
折旧		每条非当年建设完成的生产线价格÷3(4舍5入,当生产线价值不足3时,取1;当生产线价值为0时,不折旧)
支付利息前利润		支付利息前利润=折旧前利润-折旧
财务收入/支出		长期贷款、短期贷款、民间融资、贴现等支付的利息
额外收入/支出		出售生产线、罚金(负值)
税前利润		税前利润=支付利息前利润+额外收入/支出-财务支出
所得税		先弥补前5年的亏损(以第1年年初接受时的58M进行计算),然后按照税前利润的25%,4舍5入取整交税
净利润①		年度净利润=税前利润-所得税

注:① 净利润表示企业在本年经营后,本年实际赚取的金钱。

① 销售

从已经交货的订单列表中可以看出企业本年度的实际销售总额,单击沙盘上方的“销售订单”(见图9-4),此时弹出企业已经交货的“货品订单列表”(见图9-5),从图中可以看到,企业本年度的销售额为124M。

图 9-4　企业订单列表查询方法

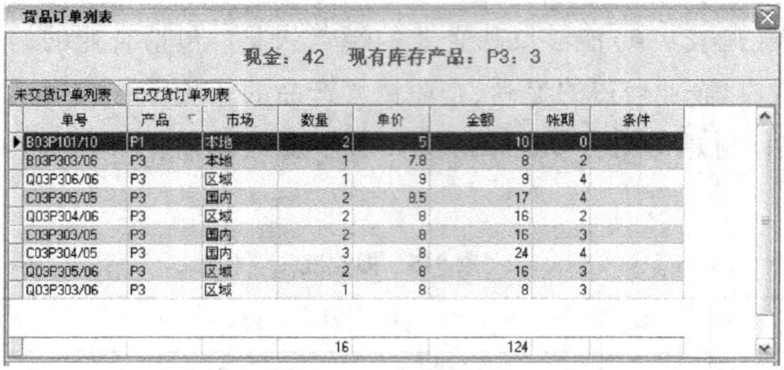

单号	产品	市场	数量	单价	金额	帐期	条件
B03P101/10	P1	本地	2	5	10	0	
B03P303/06	P3	本地	1	7.8	8	2	
Q03P306/06	P3	区域	1	9	9	4	
C03P305/05	P3	国内	2	8.5	17	4	
Q03P304/06	P3	区域	2	8	16	2	
C03P303/05	P3	国内	2	8	16	3	
C03P304/05	P3	国内	3	8	24	4	
Q03P305/06	P3	区域	2	8	16	3	
Q03P303/06	P3	区域	1	8	8	3	
			16		124		

图 9-5　“货品订单列表”操作界面

② 直接成本

第 3 年一共销售 2 个 P1 产品、14 个 P3 产品。其中每个 P1 产品需要 1 个 R1 原材料，而每个原材料费用均需要 1M，生产费用需要 1M，所以每个 P1 产品的直接成本是 1M + 1M = 2M。而每个 P3 产品需要 2 个 R2 原材料和 1 个 R3 原材料，而每个原材料费用需要 1M，生产费用需要 1M，所以每个 P3 产品的直接成本是 2M + 1M + 1M = 4M。因此，第 3 年的直接成本是 2M × 2 + 14M × 4 = 60M。

③ 毛利

毛利 = 销售收入 - 直接成本 = 124M - 60M = 64M。

④ 综合费用

15M。

⑤ 折旧前利润

折旧前利润 = 毛利 - 综合费用 = 64M - 15M = 49M。

⑥ 折旧

19M。

⑦ 支付利息前利润

支付利息前利润 = 折旧前利润 - 折旧 = 49M - 19M = 30M。

⑧ 财务收入/支出

本年度没有进行民间融资、贴现等还本付息操作，但是进行了 100M 长期贷款的付息操作，并进行了20M短期贷款的还本付息操作，其中100M长期贷款的利息为100M×10%＝10M，20M短期贷款的利息为20M×5%＝1M，所以一共需要付息11M。

⑨ 额外收入/支出

本年度没有出售生产线，订单均按时交货，没有产生罚金，所以该项为0M。

⑩ 税前利润

税前利润＝支付利息前利润＋额外收入/支出－财务支出＝30M＋0M－11M＝19M。

⑪ 所得税

前一年的权益为22M（可以在资产负债表中的"所有者权益"中的"上年值"中查询），本年的税前利润为19M，而22M＋19M＜58M，所以本年度不需要上交所得税。

⑫ 净利润

年度净利润＝税前利润－所得税＝19M－0M＝19M。

因此，该企业的损益表应该见表9-7。

表示9-7　损益表

项目	金额	计算方法
销售	124M	查看沙盘
直接成本	60M	生产费用＋原材料费用
毛利	64M	销售－直接成本
综合费用	15M	参考前面的"综合费用"计算方法
折旧前利润	49M	毛利－综合费用
折旧	19M	参考前面的"折旧"计算方法
支付利息前利润	30M	折旧前利润－折旧
财务收入/支出	11M	各种利息、贴现的计算
额外收入/支出	0M	罚金、生产线变卖
税前利润	19M	支付利息前利润＋额外收入/支出－财务支出
所得税	0M	参考前面的"所得税"计算方法
净利润	19M	税前利润－所得税

2. 所得税的计算案例

提问:下列情况应交的所得税是多少?

交税计算 - 案例 1:

如图 9-6 所示,本企业上年的所有者权益是 22M,现在经营后税前利润是 32M,因为企业是第 3 年第 4 季度,所以税前利润要弥补前 5 年的亏损,按 58M 进行计算,而 58M - 22M = 36M,36M > 32M,所以应交税为 0。

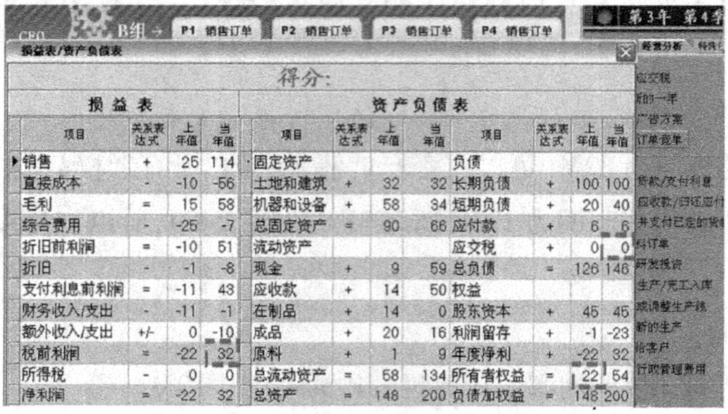

损益表				资产负债表							
项目	关系表达式	上年值	当年值	项目	关系表达式	上年值	当年值	项目	关系表达式	上年值	当年值
销售	+	25	114	固定资产				负债			
直接成本	-	-10	-56	土地和建筑	+	32	32	长期负债	+	100	100
毛利	=	15	58	机器和设备	+	58	34	短期负债	+	20	40
综合费用	-	-25	-7	总固定资产	=	90	66	应付款	+	6	6
折旧前利润	=	-10	51	流动资产				应交税	+	0	0
折旧	-	-1	-8	现金	+	9	59	总负债	=	126	146
支付利息前利润	=	-11	43	应收款	+	14	50	权益			
财务收入/支出	-	-11	-1	在制品	+	14	0	股东资本	+	45	45
额外收入/支出	+/-	0	-10	成品	+	20	16	利润留存	+	-1	-23
税前利润	=	-22	32	原料	+	1	9	年度净利	+	-22	32
所得税	-	0	0	总流动资产	=	58	134	所有者权益	=	22	54
净利润	=	-22	32	总资产	=	148	200	负债加权益	=	148	200

图 9-6　企业累计亏损大于税前利润应交税计算案例

交税计算 - 案例 2:

如图 9-7 所示,本企业上年的所有者权益是 42M,现在经营后税前利润是 26M,因为企业是第 3 年第 4 季度,所以税前利润要弥补前 5 年的亏损,按 58M 进行计算,而 58M - 42M = 16M,26M - 16M = 10M,所以应交税为 10M × 25% = 2.5M≈3M(4 舍 5 入取整)。

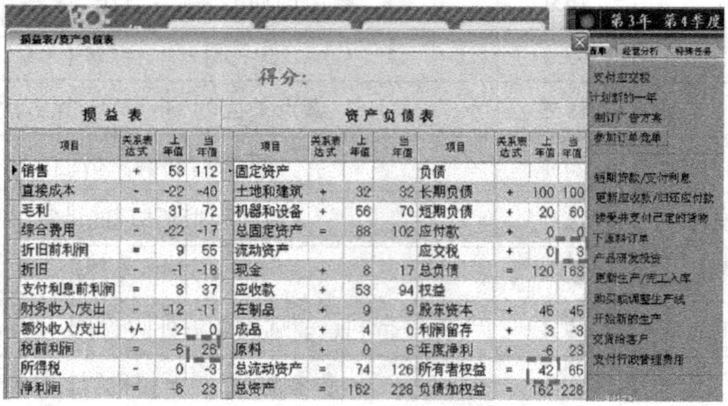

损益表				资产负债表							
项目	关系表达式	上年值	当年值	项目	关系表达式	上年值	当年值	项目	关系表达式	上年值	当年值
销售	+	53	112	固定资产				负债			
直接成本	-	-22	-40	土地和建筑	+	32	32	长期负债	+	100	100
毛利	=	31	72	机器和设备	+	56	70	短期负债	+	20	60
综合费用	-	-22	-17	总固定资产	=	88	102	应付款	+	0	0
折旧前利润	=	9	55	流动资产				应交税	+	0	3
折旧	-	-1	-18	现金	+	8	17	总负债	=	120	163
支付利息前利润	=	8	37	应收款	+	53	94	权益			
财务收入/支出	-	-12	-11	在制品	+	9	9	股东资本	+	45	45
额外收入/支出	+/-	-2	0	成品	+	4	0	利润留存	+	3	-3
税前利润	=	-6	26	原料	+	0	6	年度净利	+	-6	23
所得税	-	0	-3	总流动资产	=	74	126	所有者权益	=	42	65
净利润	=	-6	23	总资产	=	162	228	负债加权益	=	162	228

图 9-7　企业累计盈利应交税计算案例 1

交税计算 - 案例 3：

如图 9-8 所示，本企业上年的所有者权益是 42M，现在经营后税前利润是 46M，因为企业是第 3 年第 3 季度，所以税前利润要弥补前 5 年的亏损，按 58M 进行计算，而 58M - 42M = 16M，46M - 16M = 30M，所以应交税为 30M × 25% = 7.5M≈8M（4 舍 5 入取整）。

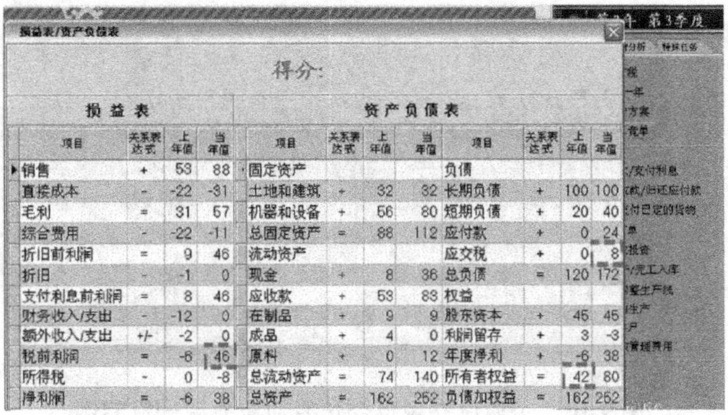
损益表/资产负债表

得分：

项目	关系表达式	上年值	当年值	项目	关系表达式	上年值	当年值	项目	关系表达式	上年值	当年值
销售	+	53	88	固定资产				负债			
直接成本	-	-22	-31	土地和建筑	+	32	32	长期负债	+	100	100
毛利	=	31	57	机器和设备	+	56	80	短期负债	+	20	40
综合费用	-	-22	-11	总固定资产	=	88	112	应付款	+	0	24
折旧前利润	=	9	46	流动资产				应交税	+	0	8
折旧	-	-1	0	现金	+	8	36	总负债	=	120	172
支付利息前利润	=	8	46	应收款	+	53	83	权益			
财务收入/支出	-	-12	0	在制品	+	9	9	股东资本	+	45	45
额外收入/支出	+/-	-2	0	成品	+	4	0	利润留存	+	3	-3
税前利润	=	-6	46	原料	+	0	12	年度净利	+	-6	38
所得税	-	0	-8	总流动资产	=	74	140	所有者权益	=	42	80
净利润	=	-6	38	总资产	=	162	252	负债加权益	=	162	252

图 9-8　企业累计盈利应交税计算案例 2

交税计算 - 案例 4：

如图 9-9 所示，本企业上年的所有者权益是 22M，现在经营后税前利润是 50M，因为企业是第 3 年第 4 季度，所以税前利润要弥补前 5 年的亏损，按 58M 进行计算，而 58M - 22M = 36M，50M - 36M = 14M，所以应交税为 14M × 25% = 3.5M≈4M（4 舍 5 入取整）。

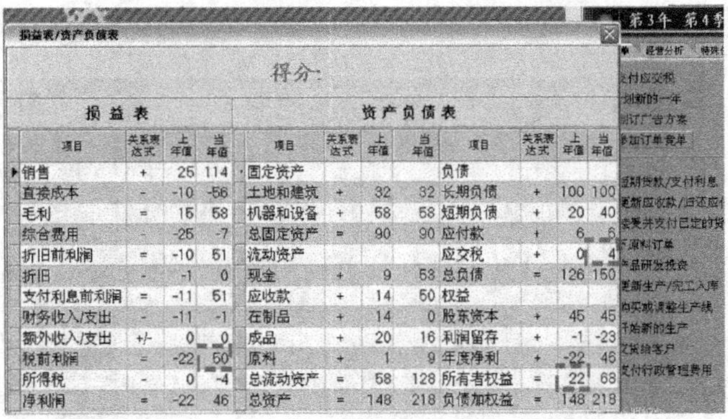
损益表/资产负债表

得分：

项目	关系表达式	上年值	当年值	项目	关系表达式	上年值	当年值	项目	关系表达式	上年值	当年值
销售	+	25	114	固定资产				负债			
直接成本	-	-10	-56	土地和建筑	+	32	32	长期负债	+	100	100
毛利	=	15	58	机器和设备	+	58	58	短期负债	+	20	40
综合费用	-	-25	-7	总固定资产	=	90	90	应付款	+	6	6
折旧前利润	=	-10	51	流动资产				应交税	+	0	4
折旧	-	-1	0	现金	+	9	53	总负债	=	126	150
支付利息前利润	=	-11	51	应收款	+	14	50	权益			
财务收入/支出	-	-11	-1	在制品	+	14	0	股东资本	+	45	45
额外收入/支出	+/-	0	0	成品	+	20	16	利润留存	+	-1	-23
税前利润	=	-22	50	原料	+	1	9	年度净利	+	-22	46
所得税	-	0	-4	总流动资产	=	58	128	所有者权益	=	22	68
净利润	=	-22	46	总资产	=	148	218	负债加权益	=	148	218

图 9-9　企业累计盈利应交税计算案例 3

交税计算 - 案例 5：

如图 9-10 所示,本企业上年的所有者权益是 92M,现在经营后税前利润是 66M,因为企业上一年权益是 92M,这些获利已经在过去的经营过程中交过税费了(可以查看"资产负债表"中的"应交税"的上年值,为 10M,表示获得的利润。已经交过税费了,企业不需要再次计算交税),今年获得的税前利润全部需要交税,所以应交税为 66M × 25% = 16.5M ≈ 17M(4 舍 5 入取整)。

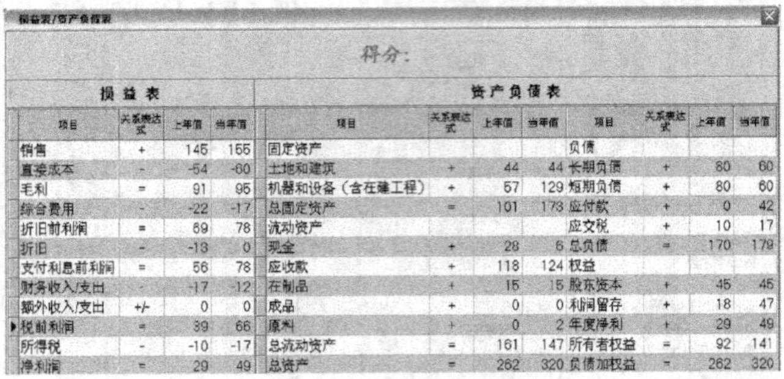

损益表/资产负债表

得分:

损益表				资产负债表							
项目	关系表达式	上年值	当年值	项目	关系表达式	上年值	当年值	项目	关系表达式	上年值	当年值
销售	+	145	155	固定资产				负债			
直接成本	-	-54	-60	土地和建筑	+	44	44	长期负债	+	80	60
毛利	=	91	95	机器和设备(含在建工程)	+	57	129	短期负债	+	80	60
综合费用	-	-22	-17	总固定资产	=	101	173	应付款	+	0	42
折旧前利润	=	69	78	流动资产				应交税	+	10	17
折旧	-	-13	0	现金	+	28	6	总负债	=	170	179
支付利息前利润	=	56	78	应收款	+	118	124	权益			
财务收入/支出	-	-17	-12	在制品	+	15	15	股东资本	+	45	45
额外收入/支出	+/-	0	0	成品	+	0	0	利润留存	+	18	47
税前利润	=	39	66	原料	+	0	2	年度净利	+	29	49
所得税	-	-10	-17	总流动资产	=	161	147	所有者权益	=	92	141
净利润	=	29	49	总资产	=	262	320	负债加权益	=	262	320

图 9-10　企业已交税且今年盈利应交税计算案例

交税计算 - 案例 6:

如图 9-11 所示,本企业上年的所有者权益是 59M,现在经营后税前利润是 37M,因为企业是第 4 年第 4 季度,所以税前利润要弥补前 5 年的亏损,按 58M 进行计算,而因为企业上一年权益是 59M,这些获利(1M)本应该在上一年交税,但是应交税的计算在上一年 4 舍 5 入了,实际交了 0M(可以查看"资产负债表"中的"应交税"的上年值,为 0M),所以本年度应交税为(37M + 1M) × 25% = 9.5M ≈ 10M(4 舍 5 入取整)。

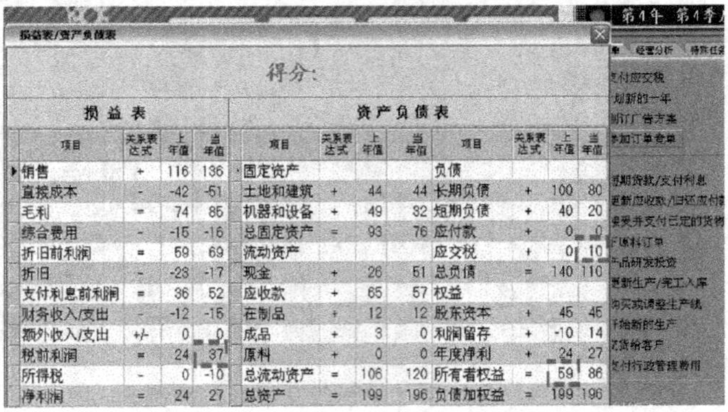

损益表/资产负债表

得分:

损益表				资产负债表							
项目	关系表达式	上年值	当年值	项目	关系表达式	上年值	当年值	项目	关系表达式	上年值	当年值
销售	+	116	136	固定资产				负债			
直接成本	-	-42	-51	土地和建筑	+	44	44	长期负债	+	100	80
毛利	=	74	85	机器和设备	+	49	32	短期负债	+	40	20
综合费用	-	-15	-16	总固定资产	=	93	76	应付款	+	0	0
折旧前利润	=	59	69	流动资产				应交税	+	0	10
折旧	-	-23	-17	现金	+	26	51	总负债	=	140	110
支付利息前利润	=	36	52	应收款	+	65	57	权益			
财务收入/支出	-	-12	-15	在制品	+	12	12	股东资本	+	45	45
额外收入/支出	+/-	0	0	成品	+	3	0	利润留存	+	-10	14
税前利润	=	24	37	原料	+	0	0	年度净利	+	24	27
所得税	-	0	-10	总流动资产	=	106	120	所有者权益	=	59	86
净利润	=	24	27	总资产	=	199	196	负债加权益	=	199	196

图 9-11　企业未交税且今年盈利应交税计算案例

（三）资产负债表的计算

资产负债表包括资产表和负债表两个表。

1. 资产表的计算

资产表描述了企业的所有资产的组成。在“任务七　企业模拟经营第0年”中给出了企业资产负债表的计算方法，各项目的计算方法见表9-8。

表9-8　资产表

项目	数据变化原因分析
固定资产	
土地和建筑	自有厂房的出售、购买操作
机器和设备（含在建工程）	出售生产线可能导致该项价值变少；折旧也会使得价值变少；而建设新的生产线会增加该项价值
总固定资产	总固定资产＝土地和建筑＋机器和设备（含在建工程）
流动资产	
现金	交税、广告费、接受并支付已定货物、产品研发、出售生产线获得的残值、建设生产线、生产线的变更、交货给客户获得的无账期的金额、违约罚金、到期应收款、到期应付款、短期贷款、民间融资、长期贷款、短期贷款还款及利息支付、民间融资还款及利息支付、长期贷款还款及利息支付、行政管理费、维修费、市场开拓、ISO认证费用、购买或租赁厂房等操作均有可能导致企业现金发生变化
应收款	交货给客户，获得的有账期的金额
在制品	更新生产、完工入库均会改变该项价值。其值为生产线上产品直接成本之和
成品	更新生产、完工入库均会改变该项价值。其值为库存中产品的可变成本之和
原料	库存中已有的原料成本
总流动资产	总流动资产＝现金＋应收款＋在制品＋成品＋原料
总资产	总资产＝总固定资产＋总流动资产

① 土地和建筑

土地和建筑在本沙盘中就是厂房的价值，由于接手企业时只有A厂房，所以“土地和建筑”中的值为32M。

② 机器和设备(含在建工程)

资产表中的“机器和设备(含在建工程)”在本沙盘中表示企业生产线的价值,企业现有1条原始的半自动生产线,并在第1年又建设了2条全自动生产线,企业现在已经关账,生产线的价值的计算在本项目的“(一)综合管理费用的计算”中的“不计入综合管理费用中的数据”时已经进行了计算,为39M。

③ 总固定资产

在沙盘软件中,总固定资产主要由厂房和生产线组成,所以固定资产为32M + 39M = 71M。本年度固定资产的降低主要是因为生产线的折旧造成的,所以在经营过程中,一定要注意机器设备的折旧,折旧费用过高可能导致企业下一年的贷款额度降低。因此,一般企业在拿到订单后,就要计算好企业本年度关账时的所有者权益,从而可以更好地规划这一年的经营活动。

④ 现金

企业现有的马上就可以使用的资金。

⑤ 应收款

大部分订单,交货给客户后,客户不会马上付钱,从而产生应收款。

⑥ 在制品

在制品的价值就是生产线上产品的直接成本,主要是原材料和产品的生产费用。盘面中一共有3个P3产品正在进行制作,每个P3产品的直接成本为4M,因此所有在制品价值为3 × 4M = 12M。

⑦ 原料

每个原料为1M。

⑧ 流动资产

沙盘中的流动资产主要包括企业的现金、应收款、在制品和原料。其中,现金马上就可以使用;应收款可以等到账期到达后使用,也可以贴现(不提倡);在制品可以等生产下线后,通过销售变现;原料需要通过生产成为在制品。

⑨ 总资产

固定资产和流动资产之和。

2. 负债表的计算

负债表描述了企业的负债情况。表9-9所示的负债表主要反映了企业的负债情况和企业所有者权益的变化情况。

表 9-9 负债表

项目	数据变化原因分析
负债	
长期负债	长期贷款值
短期负债	短期贷款值、民间融资值
应付款	大批量采购原材料,有一定的账期而导致的
应交税	即损益表中的"所得税"
总负债	总负债 = 长期负债 + 短期负债 + 应付款 + 应交税
权益	
股东资本	45M
利润留存	企业之前经营获得的所有利润之和
年度净利	即损益表中的"净利润"
所有者权益	所有者权益 = 股东资本 + 年度净利 + 利润留存
负债加权益	负债加权益 = 所有者权益 + 负债

① 应交税

企业今年经营造成的税务负债。除了损益表中自动扣"所得税"外,该负债将在下一年年初要求企业进行交税操作。

② 所有者权益

主要由以下部分组成:企业股东的资本、企业过去经营所有的利润之和、企业今年的利润。所有者权益是真正属于企业的资本,而企业资产中有一部分是通过借贷来的资产、应交税或者应付款之类的资产,这些资产不能纳入企业的所有者权益中。

(四) 企业战略的调整

本沙盘一共经营 6 年,其中前 1 - 2 年由于企业要进行产品的研发、生产线的变更等操作,一般难以通过经营实现利润的增长,但是企业可以通过前 1 - 2 年的经营情况进行分析判断,从而在第 3 - 4 年进行有利于企业的战略调整。一般企业战略的调整需要考虑以下几个方面:

1. 竞争对手的分析

经营企业并不追求"你死我活"这样的恶劣竞争环境,而是希望"共赢"。虽然企业无法知道竞争对手在研发什么产品,但是在第 2 年竞单时,可以知道竞争对手在生产什么产品。如果结合竞单的选单情况进行分析，甚至可以预测竞争对手正在研发和生产的产品，此时企业可以挑选竞争对手少的高级产品进行研发并进行生产，实现“共赢”。

2．市场需求情况的分析

通过市场预测，企业一开始通过生产并销售 P1 产品就能进行较好的发展，但是随着时间的推移，市场对 P1 产品给出的平均价格越来越低，所以一般企业不会一直只生产 P1 产品。有的企业仅仅在第 1 年第 4 季度就研发了 P2 和 P3 产品，然而等进入第 2 年市场竞单的时候，却发现 P2 和 P3 产品的竞争情况比较均衡，比如 5 个 P2 企业和 4 个 P3 企业，或者 6 个 P2 企业和 3 个 P3 企业，这时有的企业就干脆不研发产品了，只生产 P1 产品，等到第 2 年第 4 季度的时候再进行策略的调整，直接研发 P4 产品，并一直研发，直至第 4 年第 1 季度研发完成。同时在第 3 年第 1 季度开始建设 P4 的全自动生产线，并在第 3 年第 3 季度采购 R3 和 R4 原材料，在第 3 年第 4 季度采购 R2、R3 和 R4 原材料，这样在第 4 年第 1 季度刚好可以进行 P4 产品的生产。

3．企业经营状况的分析

如果企业前期经营不理想，那么如何保证企业的生存就很重要。如果企业前期经营得不错，那么就要积极研发更高级的产品，配合生产线的建设和原材料的采购，积极生产，争取获得更大的利润，不可为了年底保权益，片面追求企业下一年度的贷款额度而错失发展的机遇。

（五）企业经营的反思与思考

通过第 3 - 4 年的经营，请大家交流一下：

① 本次操作学到了哪些知识？

② 什么知识最重要？为什么最重要？

③ 本次操作有哪些遗憾、失误？

④ 如何避免这些问题再次发生？

任务十　企业模拟经营第 5 – 6 年

能力（技能）目标

1. 能够运用企业得分规则，判断是否需要对企业进一步开发。
2. 能够通过各项指标判断企业的经营情况。

知识目标

1. 能利用得分规则进行计算。
2. 能进行企业经营的各项指标分析。

情景简介

各小组已经对企业进行较长时间的经营操作，也能通过计算损益表和资产负债表，准确了解企业当前的经营状况，但是评判企业经营的最终成绩依赖于沙盘软件最终给出的得分，所以关于软件的得分规则有必要好好学习。在企业所有者权益一定的前提下，充分利用沙盘的得分规则，提高企业关账后的得分，从而提高小组的经营成绩。

任务分解

1. 得分规则的运用。
2. 总分的详细计算。

任务要求

能够较好地运用企业的得分规则，判断是否进行相关项目的进一步开发；能够通过各项指标判断企业相对于其他企业的经营情况。

建议教学方法

1. 课堂讲解。

2. 将学生分组，同时要求学生先对企业的权益进行计算，并根据企业的权益计算企业的得分。

3. 教师将数据库备份，学生先进行模拟企业的关账工作。教师将数据库还原后，学生充分利用得分规则，按得分规则对模拟企业进行经营，并再次关账。学生对比前后两次软件给出的得分，判断之前的计算是否正确，同时判断成绩变化的原因。教师帮助学生分析前后变化的原因。

建议课时

2 学时。

一、实训目的及内容

根据沙盘给出的得分规则，结合企业沙盘的经营状况和市场分析的情况，合理地规划企业的生产线建设和财务预算，从而使得企业获得更高的得分。

二、实训步骤

（一）介绍 ITMC 企业经营管理沙盘的得分规则

在每年企业关账的时候，可以单击右下角的“规则说明”，从而查看沙盘软件的得分规则。软件给出的企业经营得分和企业经营关账时的所有者权益有如下关系：

$$得分 = 权益 \times (1 + 总分 \div 100)$$

根据这个公式可以计算出所有企业的总分，从而判断每个企业的经营情况。因此，经营小组要提高沙盘经营的最终得分有两个途径：一是通过更多的销售量来提高企业的所有者权益，这就需要合理地经营企业；二是提高总分。

企业完成相应的工作，将获得相应的得分项目：

（1）开发完成的市场：区域加10分，国内加15分，亚洲加20分，国际加25分。

（2）开发完成的ISO认证：ISO 9000加10分，ISO 14000加15分。

（3）目前拥有的安装完成的生产线：手工生产线/条加5分，半自动生产线/条加10分，全自动生产线/条加15分，柔性生产线/条加15分。

（4）目前拥有的自主产权的厂房：A厂房加15分，B厂房加10分，C厂房加5分。

（5）研发完成的产品：P2产品加5分，P3产品加10分，P4产品加15分。

（6）资金使用：未借高利贷加20分，未贴现加20分。

因此，理论上来说，市场开拓得越多，ISO认证越全，生产线越多、越高级，产品研发越多，购买的自主产权厂房越多，在本年度不借高利贷、不贴现，那么企业的得分就越高。

但是事实上，要提高总分，可能会使得企业的所有者权益降低，最终软件给企业的得分也降低了。

因为企业只经营到第6年，如果想通过相关项目获得总分的提高，就要提前做好规划，一般在第5年就要规划如何利用得分规则获得更好的成绩。

注意：总分中的加分项要求相应的某个市场已经开发完成、ISO认证已经开发完成、产品研发结束，才能有相应的加分。

（二）得分规则的分析

1. 权益为负数时

如果企业经营不善，最终企业的所有者权益是负数，那么根据得分公式，总分越高，得分就越低，所以这时如何降低总分就值得研究。当然这个情况比较少见，本书不做详细分析。

2. 权益为正数时

如果企业最终所有者权益是正数，那么根据得分规则，来分析一下总分的情况。

如果完成所有总分的加分项目,即:

(1) 开发完成所有的市场:区域加10分,国内加15分,亚洲加20分,国际加25分,即10+15+20+25=70分。

(2) 开发完成所有的ISO认证:ISO 9000加10分,ISO 14000加15分,即10+15=25分。

(3) 目前拥有的安装完成的生产线,全是全自动生产线或柔性生产线:全自动生产线/条加15分,柔性生产线/条加15分,即8×15=120分。

(4) 拥有所有的自主产权的厂房:A厂房加15分,B厂房加10分,C厂房加5分,即15+10+5=30分。

(5) 研发完成所有的产品:P2产品加5分,P3产品加10分,P4产品加15分,即5+10+15=30分。

(6) 资金使用:未借高利贷加20分,未贴现加20分,即20+20=40分。此时企业的总分最高为70+25+120+30+30+40=315分。

根据得分公式:

$$\begin{aligned}\text{得分} &= \text{权益} \times (1 + \text{总分} \div 100)\\ &= \text{权益} \times (1 + 315 \div 100)\\ &= 4.15 \times \text{权益}\end{aligned}$$

3. 企业应对措施

在实际经营过程中,企业真的应该完成所有的总分项目的研发工作么?这要根据企业当时的权益进行计算,如果企业关账时的权益不够高,企业去研发相关项目,虽然最终企业的总分提高了,但是软件给的最终得分却可能降低了。具体示例如下:

企业现状:企业在第4年关账时的所有者权益为60M,企业已经开发完成了区域市场、国内市场、亚洲市场和国际市场,并完成了ISO 9000和ISO 14000的研发工作,拥有自主厂房A厂房,拥有4条全自动生产线和1条柔性生产线(其中1条生产线在C厂房,C厂房是租赁的),同时已经完成了P2和P3产品的研发工作,但是已经有2个竞争对手在从事P4产品的生产工作。在第4年企业没有贴现,但是进行了民间融资。

问:请计算该企业的第4年关账时候的得分。

答:企业的最终得分计算如下:

总分包含如下部分：

市场开拓加分：10 + 15 + 20 + 25 = 70 分

ISO 认证加分：10 + 15 = 25 分

生产线加分：5 × 15 = 75 分

厂房加分：15 分

研发产品加分：5 + 10 = 15 分

未贴现加分：20 分

总分 = 70 + 25 + 75 + 15 + 15 + 20 = 220 分

得分 = 权益 ×（1 + 总分 ÷ 100）

　　= 权益 ×（1 + 220 ÷ 100）

　　= 3.2 × 60 = 192 分

在第 5 年竞单后，已经可以计算出企业在第 5 年关账时的权益。假设企业第 5 年关账的权益是 85M（未进行 P4 的研发，现有的 4 条全自动生产线，2 条生产 P2 产品，2 条生产 P3 产品，1 条柔性生产线），那么企业应该根据得分公式进行规划：

企业已经完成了市场开拓、ISO 认证、A 厂房的购买、P2 和 P3 产品的研发工作，所以要使得总分更高，就应该在剩余的可以建设 3 条生产线的 B 厂房建设全自动或柔性生产线，并购买 B 和 C 厂房，保证第 6 年不进行民间融资和贴现操作，同时研发 P4 产品。

具体分析如下：

① 建设 3 条全自动或柔性生产线

第 6 年市场对 P3 产品的需求量增加，并且利润开始逐步提高，企业建设 P3 产品的生产线有利于进一步提高企业的利润。建设柔性生产线成本太高，且后期企业一般只用这些新建的生产线生产 P3 产品，所以可以新建 P3 产品的全自动生产线。考虑到企业只经营到第 6 年，所以在第 5 年第 1 季度建设这些生产线，在第 6 年第 1 季度刚好建设完成这些全自动生产线，从而在第 6 年这些生产线不需要进行折旧操作。

当然如果企业在第 4 年就有资金，也可以在第 4 年就建设相应的生产线。这样在第 4 年建设的全自动生产线，在第 5 年当年完成建设，不需要折旧，在第 6 年需要折旧，折旧费用为 16M ÷ 3 ≈ 5M（4 舍 5 入取整），只要提前生产出的产品赚取的金额高于生产线的折旧费用和厂房租赁费用,就可以建设。

比如企业在第4年第2季度有一定的资金,通过财务预算,企业可以持续地投资一条P3产品全自动生产线,但是企业没有自有的B厂房,如果企业建设该生产线,只能通过租赁的方式建设在B厂房,这样企业就要支付B厂房的租赁费用3M。该全自动生产线在第5年第2季度就建设完成且可以用于生产P3产品,相比于在第5年第1季度建设该生产线,企业可以在第5年多获得3个P3产品。只要这3个P3产品获得的纯利润高于第4年B厂房的租赁费用3M和第6年的生产线折旧费用5M,即8M,就合算。平均到多出的每个P3产品,则每个P3产品至少要赚取8M÷3=2.67M(不计入广告费用)。这就要根据竞争对手的多少来判断,如果P3产品的竞争对手不多,在B厂房建设多条生产线,这时单个产品分摊成本更少,则此方案较好;如果对手较多,就要仔细分析后再做决策。

② 购买B和C厂房

企业如果在第5年有大量的现金,则可以购买B和C厂房,当然如果没有多余的现金,也可以租赁。租赁B厂房每年需要支付3M,C厂房每年需要支付2M。

很显然,哪怕企业在第5年第4季度民间融资40M,再购买B和C厂房,这样到第6年第4季度也只需要交利息6M,而第5年租赁这两个厂房就要5M,且第6年一般企业还是要购买这两个厂房。所以一般企业只要有可能均会在第5年购买B和C厂房。

③ 第6年不进行民间融资和贴现操作

根据沙盘规则,如果企业在第5年关账时发现:通过预测计算的第6年广告费、企业的应交税金及在第6年第1季度需要还款付息的费用之和,大于企业在第5年关账时的现金流,那么企业在第5年就不能关账。这个时候企业还可以通过各种贷款操作,避免企业在第6年去贴现还第1季度的短期贷款。

如果企业通过资金规划,发现企业在第6年缺乏部分资金,那么可以进行短期贷款。如果通过短期贷款还是不能解决企业的资金问题,那么企业可以进行长期贷款操作,而长期贷款只有在年末才可以操作,所以必须在第5年年末进行长期贷款才能解决第6年的资金问题。但是如果企业在第6年不能短期贷款,则在第5年一般也不能进行长期贷款,那么企业只能进行民间融资操作。毕竟短期贷款的利率是 5%，长期贷款的利率是 10%，而民间融资的利率是 15%。

也有企业第 5 年可能会通过贴现操作获得现金，尽管贴现的利率相当于 16.67%，但是如果企业面对的情况是在第 5 年年末缺乏现金，并且企业的短期贷款额度不够了，此时如果企业仅仅缺少 6M 以下的现金就可以实现资金规划，那么通过贴现，虽然企业的所有者权益会降低，但如果刚好不影响企业第 6 年的贷款额度，那么企业就可以通过贴现来获得现金流。如果要贴现 3 次以上，那么还不如在第 5 年年末进行民间融资合算。

如果企业在第 5 年贴现，那么此操作会降低企业第 5 年关账时的权益，如果贴现导致企业在第 6 年无法进行短期贷款操作，那么企业就要考虑是否进行民间融资操作。此时企业在第 5 年年末无法进行短期贷款操作，而第 5 年年末如果进行长期贷款 20M，则需要在第 6 年交 2M 的利息（更多的情况是企业根本就没有长期贷款的额度了），此时如果去民间融资 20M，那么在第 6 年将要付 3M 的利息。此时就算企业只需要贴现获得 6M 就能实现第 6 年的资金预算，但企业下一年的短期贷款额度因此没有了，此时也不建议企业进行贴现。尽管贴现损失 1M 的权益，而民间融资损失 3M 的权益，但是如果通过贴现，企业可能在第 6 年就无法进行短期贷款，从而使得企业只能在第 6 年进行民间融资。

④ 研发 P4 产品

如果企业研发 P4 产品的目的仅仅是用于总分的增加，而企业不进行生产销售，那么第 6 年年末关账时企业的权益大于多少时，研发 P4 产品才比较合算（假设其他得分项全符合加分要求）？

假设第 6 年关账时的权益是 XM，关账时企业经营的得分应该是 $4.15X$（4.15 来源于得分公式的计算，并且企业所有的加分项均符合加分要求）。如果企业不进行 P4 产品的研发工作，那么企业在第 6 年年末关账时就会多研发出 P4 产品的权益，此时企业的权益应该是 $X\text{M} + 3 \times 6\text{M} = X\text{M} + 18\text{M}$，得分应该是权益 ×（1 + 总分 ÷ 100）= $(X + 18) \times (1 + \text{总分} \div 100)$，此时总分中 P4 没有研发，其他均符合加分要求，所以此时总分为 300，得分 = $(X + 18) \times (1 + \text{总分} \div 100) = (X + 18) \times (1 + 300 \div 100) = 4 \times (X + 18) = 4X + 72$。

研发 P4 产品后，企业的得分更高，即：

$$4.15X > 4X + 72$$

$$X > 480\text{M}$$

在第5年企业竞单结束时,已经可以通过计算预测企业在第5年关账时的权益了。再根据市场的竞争情况和企业的产能,可以预测本企业在第6年关账时的权益。

一般企业根本不可能在第6年年末关账时达到480M,所以一般企业不研发P4产品,企业最终的得分会更高。

请大家在第5年获得订单之后,先计算企业年末的所有者权益,根据结果调整企业经营过程,要充分利用得分公式,判断企业是否要进行市场、ISO认证、产品等进一步开发操作。

(三) 企业经营的反思与总结

通过第5-6年的经营,请大家交流一下:

① 本次操作学到了哪些知识?

② 什么知识最重要? 为什么最重要?

③ 本次操作有哪些遗憾、失误?

④ 如何避免这些问题再次发生?

任务十一　企业模拟经营常见的产品组合策略

能力(技能)目标

1. 能够较合理地进行产品的研发工作。
2. 能够较合理地对产品进行组合。

知识目标

1. 能控制好产品研发成本。
2. 能选择合适的产品组合策略。

情景简介

回顾企业经营的6年经历,各小组均有很多感悟,其中对企业发展影响最大的就是企业何时研发什么产品,从而可以更好地适应市场的需求。好的产品组合策略可以避免企业陷入与竞争对手的纠缠之中,避免企业在广告投放时成本投入过高,避免企业生产产品的单位研发成本过高,这就涉及企业的如何合理地进行产品组合的策略。

任务分解

1. 常见产品的组合策略。
2. 各种产品组合策略的优缺点。

任务要求

各经营小组能根据企业模拟经营的实际情况，合理地选择产品组合策略。

建议教学方法

教师讲授、示范；学生分组学习；学生模拟经营沙盘进行相应的操作。

建议课时

2 学时。

一、实训目的及内容

在经营的过程中，企业如何进行产品的研发、合理地对产品进行组合，决定了企业未来的发展情况。合理的产品组合策略不仅有利于企业避开激烈的市场竞争，同时也有利于企业赚取更多的利润。

通过本实训项目，各组成员应该有目的地去研发产品，对企业经营的产品形成合理的组合策略。

二、实训步骤

（一）常见产品的组合策略

1. P1

企业在经营的 6 年中，只建设 P1 产品的生产线，只生产和销售 P1 产品。

一般企业在第 1 年投入了大量的广告费用，但是还没有取得好的订单，并且在第 2 年 P2 产品和 P3 产品市场竞争激烈的情况下，企业选择该策略相对比较稳妥。由于该策略缺乏开拓性，P1 产品的利润相对较低，该策略一般难以获得小组第一。

2. P1 + P4

企业在经营的第 2 年第 4 季度开始研发 P4 产品，在前 3 年只销售 P1 产品，在第 3 年开始建设 P4 生产线，并在第 4 年开始销售 P1 和 P4 产品。

一般企业在第 1 年订单竞单时遭遇挫折，第 1 年并没有持续研发 P2 和 P3 产品，等到第 2 年订单竞单时发现 P2 和 P3 产品市场竞争激烈，此时企业放弃研发 P2 和 P3 产品，直接研发 P4 产品。如果 P2 和 P3 产品市场竞争持续激烈，这样的组合有可能会获得小组第一。

3. P1 + P2 或者 P1 + P3

企业在经营的 6 年中，除了生产 P1 产品外，只研发、生产、销售 P2 或 P3 产品中的一种。

一般企业在第 1 年第 1 季度就开始研发 P2 或 P3 产品，等到第 2 年订单竞单时发现自己研发的 P2 产品或 P3 产品市场竞争激烈，此时企业生产线等已经建设好，企业去研发并转产新的产品，成本极高，企业无法承担这样的风险，只能持续经营。由于竞争激烈，这样的组合也很难获得小组第一。

4. P1 + P2 + P3（递进研发）

企业在经营的 6 年中，先研发 P2 或 P3 产品中的一种产品，等企业有资金了再研发其他一种产品。

绝大部分企业均是采用这种思路进行产品的研发，这样的方案比较稳妥，且有很大的利润。这样的组合有极大的可能获得小组第一。

5. P1 + P2 + P3（同时研发）

企业在第 1 年第 1 季度同时研发 P2 和 P3 产品，同时销售 P1、P2、P3 产品。

这种产品组合属于高风险、高投入、高回报。一般企业在经营时，必须保证前 2 – 3 年不犯错，否则企业就有可能倒闭。如果企业经营得当，这样的组合有极大的可能获得小组第一。

6. P1 +（P2，P3）（选择研发）

企业在第 1 年第 4 季度同时研发 P2 和 P3 产品，在第 2 年根据竞争对手研发情况决定研发 P2 产品还是 P3 产品，同时企业暂时放弃其他一个产品的研发工作，后续是否研发取决于企业经营状况的分析。

这样的产品组合比较常见。如果在第 2 年订单竞单时，发现绝大部分企业在经营同一种产品，那么这种策略就比较合适，这样的组合有可能会获得小组第一。

7．P1 + P2 + P4(递进研发)

企业在第1年第1季度研发P2产品,等到第2年第4季度研发P4产品。

一般企业在第2年订单竞单时发现研发P3产品的企业也不少,这时企业就去研发P4产品,从而避免与竞争对手混战。这样的组合有可能会获得小组第一。

8．P1 + P3 + P4(递进研发)

企业在第1年第1季度研发P3产品,等到第2年第4季度研发P4产品。

一般企业在第2年订单竞单时发现研发P3产品的企业也不少,这时企业就去研发P4产品,从而避免与竞争对手混战。这样的组合有可能会获得小组第一。

(二) 各种产品组合策略的优缺点

1．P1

优点:企业经营风险小,破产的可能性极低。

缺点:难以取得小组第一。

2．P1 + P4

优点:企业经营风险小,破产的可能性相对较低。同时如果P2产品和P3产品竞争激烈,而P4产品竞争不激烈,那么小组有可能获得较好的成绩。

缺点:一般企业在P2或P3产品市场遭遇到激烈竞争之后,有可能转产P4产品,P4产品的利润本来就没有P3产品的利润高,这样反而不如进行P3产品的研发生产工作。

3．P1 + P2 或者 P1 + P3

优点:企业经营风险小,破产的可能性相对较低。如果运气好,在第2年的竞争对手较少,企业则可以获得较好的发展。

缺点:不管是P2产品市场还是P3产品市场,竞争都比较激烈,这样的组合难以获得小组第一的成绩。

4．P1 + P2 + P3(递进研发)

优点:企业经营风险较小,毛利润较高,经营合理,有很大的可能性获得小组第一。

缺点:由于这种策略风险小、毛利润高,很多竞争对手均采用该策略,所以在广告的投放上竞争相当激烈,企业实际获得的利润并不一定很高。一旦多个企业采用该策略,企业竞争压力较大。

5. P1 + P2 + P3(同时研发)

优点:无论竞争对手在第 1 年如何研发产品,企业均可以抢占 P2 和 P3 产品的先机。同时企业可以根据第 2 年订单竞单的情况,适时地建设更合理的生产线,从而扩大优势。

缺点:由于沙盘市场在前 3 年对产品的需求数量不多,且产品的毛利润不高,这种策略前期需要投入大量的资金,生产出的大量产品需要快速变现。一旦有竞争对手采用同种策略,竞争将会更激烈。

6. P1 + (P2、P3)(选择研发)

优点:通过第 2 年竞单选单的观察,再确定企业研发何种产品,在一定程度上有利于避免和竞争对手的广告竞争。

缺点:如果企业进入第 2 年,通过竞单选单观察,发现选择 P2 产品和 P3 产品的队伍数量相对均匀,那么企业则无法确定选择何种产品继续研发。这时无论是选择 P2 产品还是 P3 产品,企业均失去了一年生产 P2 产品或 P3 产品的时间。有的企业在此时就选择放弃研发 P2 产品和 P3 产品,转而研发 P4 产品。

还有一种情况:如果企业进入第 2 年,发现有多个企业采用该策略,那么企业又面临着如何判断使用同种策略的对手是选择 P2 产品、P3 产品还是 P4 产品研发的问题。

7. P1 + P2 + P4(递进研发)

优点:P1 和 P2 产品用于进行企业资金的积累,企业经营的后期,避开市场竞争激烈的 P3 产品,而对 P4 产品进行研发,如果小组中只有 1 ~2 组研发 P4 产品,那么企业的市场营销费用就会降低,企业的纯利润就会相对较高。

缺点:研发生产 P4 产品的风险相对较大,产品的研发费用较高,市场需求没有 P3 产品多,且毛利润也没有 P3 产品高。如果有多家企业进行 P4 产品的生产和销售,那么企业的营销费用就会比较高,企业就无法通过 P4 产品获得利润。

8. P1 + P3 + P4(递进研发)

优点:P1 和 P3 产品用于进行企业资金的积累,企业经营的后期,由于有大量的竞争对手会研发 P3 产品,所以尽管市场需求 P3 产品数量多,价格高,但是企业无法获得 P3 产品的回单,所以企业通过对 P4 产品进行研发,降低 P3 产品的生产数量。如果小组中只有 1 ~2 组研发 P4 产品,那么企业用于 P4 产品的市场营销费用就会降低,企业的纯利润就会相对较高。

缺点:P3 和 P4 产品的研发费用均比较高,这样企业的研发费用就比较高。如果企业在销售市场上面对较多的竞争对手,那么企业的营销费用就会比较高,企业的产品可能会滞销,风险较大。

而且企业在第 2 年、第 3 年 P3 产品的订单数量比较少。如果同时有几个竞争对手采取此策略,P3 产品的竞争会非常激烈。那么企业就无力继续研发 P4 产品,该策略就会演变成 P1 + P3 策略。

(三) 企业经营的反思与总结

通过本实训内容的学习,请大家交流一下:

① 本次产品组合策略学到了哪些知识?

② 什么知识最重要? 为什么最重要?

③ 结合本次学习,分析企业经营过程中,有哪些新的感悟?

④ 如何避免过去企业经营过程中相关问题再次发生?

任务十二　企业模拟经营中常见的注意点

能力（技能）目标

1. 能够较好地组织团队分析各成员在经营过程中的得失。
2. 能够结合沙盘的经营过程，分析团队在经营企业过程中的注意点。

知识目标

能科学的进行原材料预定、市场开拓、ISO 认证。

情景简介

团队成员通过协助和努力，将企业经营了 6 年，能顺利关账相当不易。不管是追加股东投资才完成任务，还是通过合理经营顺利关账的各个经营小组，为了更好地提高团队成员的能力，有必要对小组的经营过程进行总结，具体包括：分析小组成员在经营过程中的配合情况、交流情况，同时对经营过程中的注意点进行总结，避免团队成员因失误而给企业带来不必要的损失。

任务分解

1. 团队成员的配合分析。
2. 沙盘经营前的注意点分析。
3. 沙盘经营过程中的注意点分析。
4. 沙盘经营后的注意点分析。

任务要求

各经营小组能根据团队成员在经营过程中的表现,分析各成员是否较合理地承担了扮演角色的具体任务,同时分析小组成员之间的配合和交流情况。团队成员有必要分析企业在经营过程中的注意点和得失,从而提高团队成员的经营水平。

建议教学方法

学生分组学习。

建议课时

2 学时。

一、实训目的及内容

通过本实训部分,各经营小组能分析在企业经营时各成员完成任务的情况,同时能分析小组成员之间的交流情况和配合问题。特别是应该对企业经营过程中的注意点加以总结,通过团队成员的分工和协调避免企业再次发生同样的错误。

二、实训步骤

(一) 团队成员的配合分析

在企业经营过程中总离不开小组成员的通力合作,但是通过分析,成员之间可能存在一些问题。请各小组 CEO 组织大家总结沙盘经营过程中团队的配合情况。可以尝试通过小组交流的方式,从以下角度进行分析(分析至少包括以下内容,但不限于以下内容):

(1) CEO 对经营队伍的领导和激励是否有效?当有成员偏离企业经营工作时,有没有进行提醒和督促?

(2) 小组成员在交流时是否存在交流障碍？特别是当小组成员意见相左时,CEO 有没有进行协调？

(3) 小组成员在配合时是否存在配合障碍？比如需要生产总监计算产能时,生产总监计算错误,导致营销总监广告投放策略的错误？为了避免这种情况的发生,在经营过程中,是否采取多成员同时计算,最后验证计算结果的方法,从而避免失误的产生？

(4) 小组成员是否全力以赴,做到最好？每位成员均有相应的工作需要操作,操作是否高效、准确？

(5) 小组成员是否均通过本次沙盘的经营活动,获得较大的收获？如果有,请描述出来;如果没有,请说出理由。

(6) 每位成员均应该在交流中描述你在沙盘经营过程中学到最重要的内容是什么？

(7) 这么重要的内容,如何领悟,如何操作？如何将其应用到实际的学习工作过程中？

(8) 这么重要的内容,在应用的过程中有什么问题和困难？

(9) 如何解决这一问题和困难？

(二) 沙盘经营前的注意点分析

1. 团队分工

企业经营活动并不是仅仅依靠某位成员单独就能完成,而是需要小组成员通力协作完成相应的经营活动,从而培养各成员的团队精神和交流能力。为了更好地经营企业,应该在沙盘经营前就将团队成员进行分工。一般将团队成员分成总裁、财务总监、营销总监、生产总监、采购总监(有时生产总监和采购总监是由同一成员担任)。

团队成员在分工的时候,大家需要在交流后再决定选一位有领导能力、有责任心的成员担任总裁。对一些特别重要的岗位,需要采用“一岗多人”的方式进行配置。比如甲成员担任生产总监,乙成员在担任营销总监的同时,也担任“副”生产总监,在需要进行产能计算时,甲、乙双方分开计算,最终核实结果,从而确保企业产能计算的正确性。

2. 明确具体任务

当进行团队成员分工后,总裁有必要对各成员明确相应的工作职责,从而调动各成员的工作热情，积极投入到企业的模拟经营过程中去。特别是对经营过程中的一些关键点，有必要采用"一岗多人"的方式，确保企业能在经营过程中避免损失。

3. 企业经营沙盘的密码修改

在登录企业经营管理沙盘之后，操盘手先对沙盘的密码进行修改，并将密码设置得具有一定的复杂性，从而保护企业的机密。当然，经营团队成员必须记住该密码，如果遗忘了该密码，企业将无法进行下一步的经营活动。

4. 相关表格的准备工作

在经营前有必要准备一些表格，从而便于企业进行各种计算，具体如下：

（1）企业原材料预定表格

由于企业在竞单后就做好了准确的生产计划，生产相应的产品需要的原材料情况就能计算出来。假如企业在第一季度就按生产线的产品类型开始新的生产，现有生产线的条数见表 12-1。

表 12-1　企业现有的生产线状况

产品类型 / 生产线种类	P1 产品	P2 产品	P3 产品	P4 产品
手工生产线	X1 条	X2 条	X3 条	X4 条
半自动生产线	Y1 条	Y2 条	Y3 条	Y4 条
全自动生产线	Z1 条	Z2 条	Z3 条	Z4 条
柔性生产线	M 条			

原材料物料清单需求情况见表 12-2。

表 12-2　P 系列产品原材料物料清单

产品型号	R1 原材料	R2 原材料	R3 原材料	R4 原材料
P1 产品	1	0	0	0
P2 产品	1	1	0	0
P3 产品	0	2	1	0
P4 产品	0	1	1	2

由于 R1 和 R2 原材料需要提前 1 个季度订货，R3 和 R4 原材料需要提前 2

个季度订货,所以可以设计相应的原材料预定表格(见表 12-3)。

表 12-3　原材料预定表格

	上一年度第 3 季度	上一年度第 4 季度	本年度第 1 季度	本年度第 2 季度	本年度第 3 季度	本年度第 4 季度
R1 原材料						
R2 原材料						
R3 原材料						
R4 原材料						

通过计算,可以确定企业全年需要的原材料数量,从而判断是否可以利用原材料的账期,降低企业的财务成本。以上面的生产线情况为例,计算企业全年需要原材料的情况如下:

对于企业的手工生产线:X1 条 P1 生产线、X2 条 P2 生产线、X3 条 P3 生产线、X4 条 P4 生产线,均在本年的第一季度就开始新的生产,而手工生产线的生产周期为 3 个季度,所以该生产线在第四季度就生产完成,并又可以开始新的生产。所以全年需要的原材料情况见表 12-4。

表 12-4　手工线原材料需求情况

手工生产线	R1 原材料	R2 原材料	R3 原材料	R4 原材料
X1 条 P1 生产线	2 × X1	0	0	0
X2 条 P2 生产线	2 × X2	2 × X2	0	0
X3 条 P3 生产线	0	2 × 2 × X3	2 × X3	0
X4 条 P4 生产线	0	2 × X4	2 × X4	2 × 2 × X4

如手工生产线并不是在第 1 季度就进行新的生产,那么在本年度只能进行新生产一次,相应的原材料需求就会减半。具体情况请参考企业经营的实际情况进行分析。

对于企业的半自动生产线:Y1 条 P1 生产线、Y2 条 P2 生产线、Y3 条 P3 生产线、Y4 条 P4 生产线,由于均在本年的第一季度就开始新的生产,而半自动生产线的生产周期为 2 个季度,所以该生产线在第 3 季度又进行新的生产,累计可以生产 2 次。其实半自动生产线每年均可新生产 2 次,所以全年需要的原材料见表 12-5。

表 12-5　半自动生产线原材料需求情况

半自动生产线	R1 原材料	R2 原材料	R3 原材料	R4 原材料
Y1 条 P1 生产线	2 × Y1	0	0	0
Y2 条 P2 生产线	2 × Y2	2 × Y2	0	0
Y3 条 P3 生产线	0	2 × 2 × Y3	2 × Y3	0
Y4 条 P4 生产线	0	2 × Y4	2 × Y4	2 × 2 × Y4

对于企业的全自动生产线：Z1 条 P1 生产线、Z2 条 P2 生产线、Z3 条 P3 生产线、Z4 条 P4 生产线，由于均在本年的第 1 季度就开始新的生产，而全自动生产线的生产周期为 1 个季度，而该生产线在每个季度又可以开始新的生产，累计可以生产 4 次，所以全年需要的原材料见表 12-6。

表 12-6　全自动生产线原材料需求情况

全自动生产线	R1 原材料	R2 原材料	R3 原材料	R4 原材料
Z1 条 P1 生产线	4 × Z1	0	0	0
Z2 条 P2 生产线	4 × Z2	4 × Z2	0	0
Z3 条 P3 生产线	0	4 × 2 × Z3	4 × Z3	0
Z4 条 P4 生产线	0	4 × Z4	4 × Z4	4 × 2 × Z4

对于企业的 M 条柔性生产线，如果还没有确定生产何种产品（比如在竞单之前），应该准备相应已经可以生产的所有产品的原材料的最大值，因为柔性生产线在生产甲产品的同时就不能生产乙产品，所以不需要准备所有的可能生产产品的原材料，从而降低企业的成本。假如企业此时可以生产所有的产品，那么此时 M 条柔性生产线全年需要的原材料情况见表 12-7。

表 12-7　柔性生产线原材料需求情况

R1 原材料	R2 原材料	R3 原材料	R4 原材料
4 × M	4 × 2 × M	4 × M	4 × 2 × M

统计以上一年内所有需要的 R1、R2、R3 和 R4 原材料，具体情况见表 12-8。

表 12-8 企业全年需要的原材料情况

R1 原材料	R2 原材料	R3 原材料	R4 原材料
4×M +4×Z2 +4×Z1 +2×Y2 +2×Y1 +2×X2 +2×X1	8×M +4×Z4 +4×Z2 +8×Z3 +2×Y4 +2×Y2 +2×X4 +2×X2 +4×Y3 +4×X3	4×M +4×Z4 +4×Z3 +2×Y4 +2×Y3 +2×X4 +2×X3	8×M +8×Z4 +4×Y4 +4×X4

所以如果企业要一次订购全年所有的原材料，考虑到 R1 和 R2 原材料的预定需要提前 1 个季度，而 R3 和 R4 原材料要提前 2 个季度，所以原材料预定应该见表 12-9。

表 12-9 原材料上一年全部预定

	上一年度第 3 季度	上一年度第 4 季度
R1 原材料		4×M +4×Z2 +4×Z1 +2×Y2 +2×Y1 +2×X2 +2×X1
R2 原材料		8×M +4×Z4 +4×Z2 +8×Z3 +2×Y4 +2×Y2 +2×X4 +2×X2 +4×Y3 +4×X3
R3 原材料	4×M +4×Z4 +4×Z3 +2×Y4 +2×Y3 +2×X4 +2×X3	
R4 原材料	8×M +8×Z4 +4×Y4 +4×X4	

这样企业今年的原材料需求在上一年就全部预定好了，并且能够满足所有的生产要求。

实际情况是，企业并没有那么多的手工线和半自动线，一般企业可能在第一年就将它们全部出售，所以实际计算可以去除相应的手工线和半自动线原材料的需求计算，即企业只有 Z1 条 P1 生产线、Z2 条 P2 生产线、Z3 条 P3 生产线、Z4 条 P4 生产线和 M 条柔性生产线，对原材料的需求表格简化为表 12-10。

表 12-10 企业无半自动手工生产线时原材料上年全部预定

	上一年度第 3 季度	上一年度第 4 季度
R1 原材料		4×M +4×Z2 +4×Z1
R2 原材料		8×M +4×Z4 +4×Z2 +8×Z3
R3 原材料	4×M +4×Z4 +4×Z3	
R4 原材料	8×M +8×Z4	

而全自动生产线也不是每个产品型号都有建设,所以该表格还可以进一步简化,具体要根据企业的实际情况来调整。实际预定原材料数量应结合账期进一步优化。

(2) 企业产能计算表格

需要注意的是,在计算企业产能时,必须先核实清楚企业是否有相应的生产线和相应的原材料,并已经对该产品研发成功(可以在本季度研发成功的同时进行产品的生产),同时需要加上企业现有的产品库存数量,并减去企业已有的未交货的订单产品数量(一般企业在竞单前没有,但是如果企业在上一年有违约的订单,那么该产品的订单仍在,需要减去对应产品的数量)。

假设企业现有的生产线均在生产(如果生产线尚未生产,但是本年度第一季度已经可以开始新的生产,那么除手工线外,企业年内其他每条生产线均会减少1个成品),企业产能计算见表12-11。

表12-11 企业产能计算

生产出的产品 / 现有生产线	P1产品	P2产品	P3产品	P4产品
X1条生产P1产品的手工线	X1			
X2条生产P2产品的手工线		X2		
X3条生产P3产品的手工线			X3	
X4条生产P4产品的手工线				X4
Y1条生产P1产品的半自动线	2×Y1			
Y2条生产P2产品的半自动线		2×Y2		
Y3条生产P3产品的半自动线			2×Y3	
Y4条生产P4产品的半自动线				2×Y4
Z1条生产P1产品的全自动线	4×Z1			
Z2条生产P2产品的全自动线		4×Z2		
Z3条生产P3产品的全自动线			4×Z3	
Z4条生产P4产品的全自动线				4×Z4
M条柔性线	加上4M个不确定的P系列产品			
库存	加上企业原有各产品的库存值			
已有订单	减去企业已有遗留的未交货订单中各产品的数量			

通过统计,可得到表 12-12。

表 12-12　企业产能具体数量

P1 产品	$2 \times Y1 + 4 \times Z1 + X1$	加上 4M 个不确定的 P 系列产品	加上企业原有各产品的库存值	减去企业已有遗留的未交货订单中各产品的数量
P2 产品	$2 \times Y2 + 4 \times Z2 + X2$			
P3 产品	$2 \times Y3 + 4 \times Z3 + X3$			
P4 产品	$2 \times Y4 + 4 \times Z4 + X4$			

同样,如果该企业没有手工线或半自动线,那么表格将大为简化。

(3) 企业竞单记录表格(见表 12-13)

在企业竞单过程中,各经营小组选单的顺序是分析竞争对手的一条途径。通过竞单顺序的分析,并结合企业自身广告投入的金额,大致可以判断出竞争对手研发产品的类型和广告投放的金额。通过各小组在各个市场订单的选单数量,可以判断出竞争对手的生产情况。

表 12-13　企业竞单记录表

市场名称:__________　　　　选单年份:__________

选单次序 / 产品	1	2	3	4	5	6	7	8	9	10	11	12

比如在第 2 年,企业(B 组)在 P1 产品的本地市场投放了广告费用 4M,在 P2 产品的本地市场投放了广告费用 6M。记录选择订单的顺序见表 12-14。

表 12-14　企业竞单记录表(示例)

市场名称:本地市场　　　　选单年份:第 2 年

选单次序 / 产品	1	2	3	4	5	6	7	8	9	10
P1 产品	E	A	I	D	B	G	J	C	F	H
P2 产品	B	I	J	A	F	C	B			
P3 产品	C	D	C	D						

通过分析,可以看到E组、G组和H组并没有选择相应的P2产品和P3产品。在本地市场P2产品的订单一共6个,B组还可以进行第二轮的选单,说明参与选择订单的小组中,有小组投放了P2产品的本地市场广告,但是并没有进行选单。而C组有可能既研发了P2产品,又研发了P3产品。C组在P3中第一个选单,说明它应该研发了P3产品。考虑到C组在本地市场P2产品的第一轮选单中最后一个选择订单,并且在第一轮选单中,还有一个企业没有选单,所以C组也有可能并没有研发P2产品,具体可以根据第1年C组关账后的权益进行分析。当然对I组、J组、A组和F组均有必要分析它们第1年关账时的权益。通过分析可以判断它们是不是研发了P2产品。

通过分析P1产品订单的选择顺序,结合企业(B组)投放的广告费用4M,可以知道E组、A组、I组和D组均在B组之前选择P1订单。根据订单的选择规则,同一产品、同一市场,广告投放费用多的企业优先进行选单,如果投放的费用一样,则比较同一产品在所有市场投放的广告费用,投放多的企业优先进行选单,如果投放的费用还一样,则比较投放广告的速度,速度快的将优先选单。所以说明这些小组在P1的本地市场投放的广告费用不少于4M,并且有可能这些小组在区域市场投放的P1产品的广告费用比B组多,也有可能他们投放广告的速度要比B组快。而G组、J组、C组、F组和H组在P1产品的本地市场投放的广告费用应该不高于4M,并且有可能这些小组在区域市场投放的P1产品的广告费用比B组少,也有可能这些小组投放广告的速度要比B组慢。

(4) 企业权益计算表格(间谍表格)

各经营小组在竞单结束后,根据企业年初的计划,就能计算出企业年末关账时的权益。同样在第1年,由于订单数量有限,而且一般可以根据各企业的选单顺序判断企业选择订单的具体情况和广告投放的费用,因此第1年各企业关账时的权益,在裁判公布前就能估算出来。等裁判公布各小组的权益后,再结合之前对各企业权益的计算,企业可以判断出哪些企业研发的是P2产品,哪些企业研发的是P3产品,或者没有研发(主要受到对企业广告费用估算的影响,从而并不能完全精确判断企业是否是研发P2产品,还是在第四季度只研发了一季度的P2产品和P3产品)。

企业权益计算表格可以根据企业经营流程进行设计,具体见表12-15。

表 12-15　企业权益计算表

	年初所有者权益				
年前工作	交税				
	广告投入				
每季度工作		第 1 季度	第 2 季度	第 3 季度	第 4 季度
	贴现(随时可操作)				
	付短期贷款利息				
	支付民间融资利息				
	产品研发投资				
	生产线转产费用				
	生产线的出售				
	正常交货(交货获得毛利)				
	交货违约				
	支付行政管理费				
年末工作	支付长期贷款利息				
	设备维修费				
	厂房租赁费				
	折旧				
	市场开拓				
	ISO 资格认证				
	年末所有者权益				

以上操作中仅仅“正常交货(交货获得毛利)”的操作可以增加企业的所有者权益。其中订单的毛利的计算为:订单的销售总金额 - 销售产品的直接成本 = 订单的销售总金额 - 销售产品的原材料成本 - 销售产品的生产费用。“生产线的出售”在特殊情况下也可能增加企业的所有者权益(比如在第 5 年出售企业原有的半自动生产线),而以上的其他操作均有可能降低企业的所有者权益。

表 12-15 称为间谍表,还可以利用该表来计算其他企业的权益,同时结合年末公布的其他企业的权益,就能知道它们的相应的操作情况。

(5) 企业现金流量表格

在经营企业的过程中,做好企业现金流的控制,有利于降低企业的经营风险,同时也有利于企业降低融资成本。表 12-16 为常见的现金流量表。

表12-16　企业现金流量表

经营步骤	第__年			
	第1季度	第2季度	第3季度	第4季度
期初现金				
支付税金				
支付广告费				
还短贷和利息				
申请短期贷款(民间融资)				
归还应付款				
应收款收现				
买入原材料				
产品研发投资				
变卖生产线				
投资新产品线				
生产线转产				
开始新的生产				
按订单交货收现金或罚款				
支付行政管理费				
其他现金收支(贴现)				
支付利息/还长贷				
申请长期贷款				
支付设备维护费				
支付租金/购买厂房				
新市场开拓				
ISO资格认证投资				
余额				

需要注意的是:现金流量表格和企业权益计算表格有些资金计算类似,但是并不完全一样,部分操作可能会改变企业的现金流,但是并不会改变企业的权益(如开始新的生产等操作),而部分操作可能会改变企业的权益,但是却没有改变企业的现金流(如生产线的折旧操作),在应用时要注意加以区分。

(三)沙盘经营过程中的注意点分析

1. 年初计划的制订

年初计划的制订并不是简单制订企业要研发什么产品,销售金额要达到多少。在制订计划之前,企业需要进行充分的分析,至少要包括以下方面:

（1）企业现状分析

通过分析企业的所有者权益、企业的各类贷款的还款时间和可以贷款的额度、企业的应付款和应收款、产品的研发情况、企业的现有的产能、产品库存等情况，可以较科学地分析好企业的现状。

（2）市场需求情况和竞争对手的分析

各市场对各产品的需求数量、毛利及订单数量的多少不尽相同，经营企业有必要选择毛利高、需求数量多的市场进行广告投放。而对竞争对手的分析，可以较好地避开大量竞争对手研发的产品，从而有针对性地进行产品研发。

（3）企业年初计划

通过合理的分析，企业才可以制订适当的企业年初计划。制订的年初计划至少应该包括广告预算（计划中可能获得相应订单的情况）、产品研发、生产线调整等基本内容。

2. 广告策略的制定

在制定广告策略的时候，必须考虑广告费用的投入是否不足，从而导致产品销售不出去？或者投入过多，从而浪费企业的资源？或者企业制定的广告策略有误，投放的市场区域不对，导致企业利润减少？或者广告费用输入错误，比如本来应该投放到P3产品上的，结果投放到P2产品上了？那么如何避免这些错误呢？企业可以从以下几个方面来避免：

（1）竞争对手产品线分析

通过分析竞争对手的所有者权益和竞单时的选单顺序，就可以推断出竞争对手的产品线情况。这样企业可以有针对性地研发相关产品。但是受限于沙盘产品品种的限制，企业选择的余地并不大。

（2）市场需求分析

通过分析市场的需求，如果企业必须在第一顺位选择订单，而且该市场有竞争对手，企业就需要投入较高的广告费用。而对于现有的产品数量较少，但是部分市场在某个特定时期对该产品的需求数量很多，比如在第5年和第6年，国际市场对P1产品的需求数量多、利润高，此时可以投入少量的费用，避免浪费广告费。

（3）制订广告费用的详细计划表

为了避免广告的投入错误，营销总监有必要制作广告费用计划表，并将费用填入表12-17，从而便于在进入下一年后，操盘手迅速输入广告费用。

表12-17　广告费用计划表

广告费用计划表　　　　　　　　年度＿＿＿＿

产品	本地市场	区域市场	国内市场	亚洲市场	国际市场
P1					
P2					
P3					
P4					

3．竞单注意点

在竞单时，要分析选择的订单是不是符合现有生产线的要求？订单的选择是否能实现企业利润的最大化？竞单时有没有考虑到留给竞争对手要求更高的订单？有没有利用竞单来分析竞争对手的产品策略、广告费用的投放值及竞争对手的产能等问题？

（1）竞争对手需求分析

通过对竞争对手的所有者权益的计算，一般可以在第一年年末判断出它们的产品研发情况，从而可以判断出竞争对手的需求情况。

（2）订单选择判断

一般在前几年，由于市场需求的产品数量不足，订单基本会被各企业全部选择。但在企业经营的后期，部分企业会放弃选择利润较低的市场，这其实也反映了该企业的产能不足。如果该企业之前经营较好，则表明该企业有可能在对更高级的产品进行研发，同时在建设该产品的全自动生产线，从而导致该企业现有的产能不足。

（3）选单顺序记录

竞单是分析竞争对手一个非常重要的途径。在竞单过程中，团队成员有必要记录下各企业的选单顺序。在竞单时，有时有企业选择订单的速度较慢，其实可能是该企业在等待多个进行广告投放的市场同时出现选单的情况，从而企业可以选择更符合企业需求的订单。因此有些竞争对手通过选单的拖延策略，故意让其他企业失去这样的机会。

（4）竞单后企业所有者权益的计算

竞单结束后，经营团队就可以计算出企业年末的所有者权益，从而更合理地规划企业的经营过程。特别是通过计算,发现企业在年末可能只差一个权益,就刚好能增加20M的贷款额度时,企业就可能可以在经营过程不贴现或者通过购买厂房或者少进行一个市场的开拓或ISO的认证等操作,从而对权益加以控制。

4. 原材料的预定

在经营过程中,企业生产需要的原材料预定是否准确,原材料提前预定时间有没有错误,将直接影响企业的产能。特别是如果企业有柔性线,在同一年的生产过程中,该柔性线生产的产品又不是同一种产品,企业一定要考虑好何时转产,何时需要什么原材料,同时做好提前的预定工作。在预定原材料的时候,有没有考虑到原材料的付款账期,从而降低企业的成本?当预定的同一种原材料数量高于21个时,可以只订购21个,而在下一季度再订购,这样不仅将企业的应付款推迟4个季度,而且还使得应付款分布得相对均匀。要做好企业原材料的预定工作,企业至少要做到如下几点:

(1) 订单情况分析

通过统计企业已有的订单情况,统计本年度企业应该生产的产品数量,对照生产线生产产品的类型,合理地进行生产线的生产计划,并计算每个季度需要的各种原材料的数量。为什么不是计算本年度的原材料需求情况呢?主要是在实际生产过程中,有部分原材料的需求数量过大,如果预定本年度的需求数量,就会导致企业在后面的应付款的还款压力较大。

在操作过程中,有可能会出现第一季度原材料不足的情况,这种情况有可能是由于企业存在部分柔性生产线,而企业在前一年并没有充分考虑柔性生产线可能会出现的转产的情况。如果第一季度柔性生产线就进行转产,原来预定的原材料就有可能不足,企业就无法正常生产。如果出现这种情况,企业一般也不会让柔性生产线空着,一般通过生产线的全盘考虑,可能可以避免订单的违约,也有可能在订单不足的情况下,用柔性线生产现有原材料的产品,从而在下一年进行出售。

(2) 市场需求分析

当企业在竞单时获得的订单数量不足,企业如果正常生产,到年末的时候必然有部分产品留在库存中。这时企业可以考虑生产何种产品,以便能通过下一年的销售获得相应的利润。同时企业还要就需要考虑市场下一年的需求情况,结合企业的生产能力,进行相关产品的生产。

(3) 原材料的合理预定

原材料的预定有两种方式:一种是精确预定,生产线需要什么样的原材料,企业就预定什么样的原材料,从而保证企业在生产之后,原材料形成零库存。还有一种方式是充分利用原材料的账期。比如企业现有 8 条可以立即生产的全自动生产线,按计划进行生产,每个季度需求的原材料情况见表 12-18。

表 12-18　原材料每个季度需求情况

	R1 原材料	R2 原材料	R3 原材料
5 条 P2 生产线	5	5	
3 条 P3 生产线		6	3
合计	5	11	3

以原材料精确预定的方式进行预定,需要预定具体时间和数量,见表 12-19。

表 12-19　原材料按需采购情况

	R1 原材料	R2 原材料	R3 原材料	备注
第 1 季度	5	11	3	R1 和 R2 为第 2 季度生产准备,R3 为第 3 季度准备
第 2 季度	5	11	3	R1 和 R2 为第 3 季度生产准备,R3 为第 4 季度准备
第 3 季度	5	11	3	R1 和 R2 为第 4 季度生产准备,R3 为下一年第 1 季度准备
第 4 季度	5	11	3	R1 和 R2 为下一年第 1 季度生产准备,R3 为下一年第 2 季度准备

表 12-19 预定的原材料在到达企业时的付款情况,具体见表 12-20。

表 12-20　按需采购原材料付款情况

	原材料	第 1 季度	第 2 季度	第 3 季度	第 4 季度	下一年第 1 季度	下一年第 2 季度	下一年第 3 季度	合计
应付款	R1		5(1)	5(2)	5(3)	5(4)			20
	R2				11(1)	11(2)	11(3)	11(4)	44
	R3			3(1)	3(2)	3(3)	3(4)		12
合计		0	5	8	19	19	14	11	76

表 12-20 中，括号前为应付款的金额，括号中的数值表示企业是在本年度的第几季度采购的原材料。

如果考虑到账期，对采购的方式进行调整，具体有如下 6 种情况：

通过第一种情况（见表 12-21），企业预定原材料不容易错误，但是企业在后期要一次支付大量的应付款。

表 12-21　第 1 季度采购全年原材料的情况

第一种情况	R1 原材料	R2 原材料	R3 原材料
第 1 季度	20	44	12
第 2 季度	0	0	0
第 3 季度	0	0	0
第 4 季度	0	0	0

通过第二种情况（见表 12-22），企业将需要大量的同一种原材料分配到不同季度，这样在后期不会形成大量的应付款。

表 12-22　原材料分布到各季度采购

第二种情况	R1 原材料	R2 原材料	R3 原材料
第 1 季度	6	16	6
第 2 季度	6	17	0
第 3 季度	6	0	6
第 4 季度	2	11	0

通过第三种情况（见表 12-23），企业将需要大量的同一种原材料分配到不同季度，同时将账期尽量向后移动，这样不仅在后期不会形成大量的应付款，还避免了企业前期去贷款。

表 12-23　原材料结合账期分布到各季度采购方案 1

第三种情况	R1 原材料	R2 原材料	R3 原材料
第 1 季度	6	16	6
第 2 季度	6	21	0
第 3 季度	6	0	6
第 4 季度	2	7	0

第四种情况(见表12-24)是第三种情况的进一步延续。

表12-24　原材料结合账期分布到各季度采购方案2

第四种情况	R1原材料	R2原材料	R3原材料
第1季度	6	21	6
第2季度	6	21	0
第3季度	6	0	6
第4季度	2	2	0

第五种情况(见表12-25)是第四种情况的进一步延续。

表12-25　原材料结合账期分布到各季度采购方案3

第五种情况	R1原材料	R2原材料	R3原材料
第1季度	6	21	6
第2季度	6	1	0
第3季度	6	21	6
第4季度	2	1	0

第六种情况(见表12-26),考虑到R1原材料的需求数量是20个,如果多采购一个R1,企业就可以增加一个账期。尽管后期形成较大的应付款,但是企业前期应付款较少,相当于前期不用贷款,降低了企业的财务成本。

表12-26　原材料结合账期适度饱和采购

第六种情况	R1原材料	R2原材料	R3原材料
第1季度	21	21	6
第2季度		1	0
第3季度		21	6
第4季度		1	0

通过分析,以上6种情况,原材料到达时,企业的应付款的情况见表12-27。

表 12-27　表 12-20 至表 12-26 原材料付款情况分析表

	第 2 季度	第 3 季度	第 4 季度	下一年第 1 季度	下一年第 2 季度	下一年第 3 季度	下一年第 4 季度
按需采购	0	5	8	19	19	14	11
第一种情况	0	0	0	32	44	0	0
第二种情况	0	6	12	24	23	11	0
第三种情况	0	6	12	24	13	21	0
第四种情况	0	6	12	10	27	21	0
第五种情况	0	7	12	9	27	0	21
第六种情况	0	1	6	1	48	0	21

显然第六种订货方式,企业占有了原材料供应商的货物资产,但是却没有立即给相应的货款,而是通过账期的方式形成应付款。这就相当于去银行贷款,但是却没有给相应的利息,显然通过这种方式,更有利于企业的发展。

在实际经营过程中,如果通过计算,需求的某一种原材料的需求数量已经超过了 21(16 或 11 或 6)个,在不影响企业生产的情况下,可以只采购 21(16 或 11 或 6)个该原材料,形成 4(3,2,1)个应付款账期,再考虑是否在下季度再采购剩余的相应原材料。这样可以避免 4(3,2,1)个季度后企业需要一下子支付大量的应付款。具体订购数量是 21,16,11 还是 6 个,则需要结合沙盘的情况进行分析。

5. 产品研发

企业的资金有限,产品的研发成本相对较高,同时全自动生产线的转产费用较高,转产耗时较长。因此在决定研发何种产品之前有必要进行充分的分析。具体分析包括如下方面:

(1) 竞争对手产品分析

在市场需求方面,前几年 P2 产品相对于 P3 产品的需求数量要多,且毛利更高,因此一般企业会在第 1 年研发 P2 产品,这样企业经营的风险相对较小。而有些经营者就反其道而行,直接在第 1 年就研发 P3 产品,这样如果竞争对手较少,企业获得成功的机会就大。但是这毕竟是不可控的。所以有些经营者在第 1 年开始并不研发产品,而在第 4 季度才研发 P2 产品和 P3 产品,然后通过关账得到的竞争对手的信息和第 2 年竞单得到的信息,再决定研发 P2 产品还是 P3

产品。甚至有企业在第2年分析后发现P2产品和P3产品的市场竞争激烈程度势均力敌，于是放弃继续研发P2产品和P3产品，而只生产P1产品，等第2年年末直接研发P4产品，从而在第4年可以直接生产P4产品。

（2）企业自身研发能力及后继生产能力分析

企业在研发产品前需要分析企业的财务状况，计算研发该产品需要的资金情况和后继生产线的建设能力。如果产品在研发后没有充分进行生产，降低单位产品的研发成本，那么对企业来说就得不偿失。特别是P3和P4这类高研发成本的产品，如果企业不能准备多条相应的生产线，不能进行大规模的生产，那么企业就难以利用该产品赚取利润。

6. 开始新生产注意点

生产线的生产要注意企业需要交货的产品类型和数量，以及如果企业本年度有违约的情况存在时，生产线如何进行生产等问题，具体分析如下：

（1）产品订单分析

在竞单结束后，企业就能根据订单的情况计划好企业需要生产多少数量的相关产品，特别是有P3或P4产品的时候，一定要考虑R3或R4原材料的准备情况，同时要及时调整好柔性生产线生产产品的类型。

根据企业的财务情况结合订单的账期，合理地安排相关产品的生产。如果企业下下个季度就没有钱付应付款，此时应生产0账期或1账期的订单，并使得产品刚好在下个季度可以交货，从而使得企业在下下个季度的应收款增加，从而避免企业到时现金流不足。如果企业注定要贴现，那么企业可以生产4账期的订单，因为贴现总是从账期最长的应收款开始贴起，这样之后再交账期短的订单，就会更早获取现金。

（2）生产线操作

在进行生产线建设时，需要考虑生产线的建设是不是符合企业的资金预算。如果企业经营不善而建立了大量的柔性生产线，那么企业在后期的折旧费用太高，企业就可能会因此而导致贷款的额度降低。

生产线建设后是不是马上就可以生产？如果企业通过合理的规划，使得产品研发完成时，生产线就刚刚建设好并可以生产，这样就能充分利用生产线。在开始新的生产前，要核实有没有对柔性生产线进行转产，从而保证订单不违约。

(3) 违约情况下的生产线调整

如果企业可能刚好会造成订单的违约,这时应分析:企业是真的违约么?如何降低企业的违约成本?

首先如果企业在制订生产计划时,突然发现由于某些原因,导致今年的订单可能缺一个产品而无法完成时,可以先看看企业有没有可以建设生产线的场所,比如 B 厂房或 C 厂房是不是有空的生产线安装场所。如果有,可以马上安装一条手工生产线,手工线的安装周期是 0 季度,生产周期是 3 个季度,当生产结束后,可以马上出售该手工生产线,此时系统并不对生产线进行折旧、维修操作,而马上就生产出了一个产品,从而避免违约。所以只要企业还有生产线的安装空间就可以这样操作。当然这样操作的成本较高,不仅仅是出售生产线的损失,还有进行生产的成本也较高,需要计算后再决定是不是这样更有利。

如果企业注定要违约了,按照违约的规则是订单总金额的 25%(4 舍 5 入取整)交罚金,且订单的产品需求还是归企业所有。所以这时企业就有必要通过生产线的调整,选择订单金额最小的订单来违约,从而降低交罚金的金额。

7. 交货注意点

交货时企业可以根据企业订单的账期和产品的生产情况来进行交货。具体如下:

(1) 订单账期

在交货之前,一定要分析下企业的资金情况,这样结合订单的账期进行交货,就可以减少企业的贷款金额,从而减低企业的财务费用。如果企业注定要贴现,企业可以先交货账期为 4 的订单,这样系统会从 4 账期的应收款开始进行贴现,从而保证账期较短的订单能直接拿到现金。

(2) 交货存在违约的情况

在交货的时候应该分析企业是否存在违约的情况。如果企业已经存在违约的情况,但是违约数量只有极少数,且企业尚有生产线的建设空间,这时可以通过手工生产线的建设来弥补产量的不足。但是要注意的是,手工生产线的购买价是 5M,而出售的残值是 1M,因此企业会亏损 4M,且手工生产线生产 P2 产品的生产费用是 2M,生产 P3 产品的生产费用是 3M,生产 P4 产品的生产费用是 4M,所以对企业而言,如果通过这种方式来弥补,成本是十分高的,如果不是那种金额特别巨大的订单,此方法并不适用。

8. 进入下一季度注意点

在企业经营管理沙盘中,沙盘盘面上的进入下一季度包括两个方面:一是从这一季度到下一季度的转换,还有一种是进入下一年度。

企业在进入下一季度之前,需要分析企业下一季度在短期贷款和民间融资及利息归还时,会不会出现现金流不足的情况。特别是企业在本季度还有贷款额度,只是由于没有做好资金规划,没有在进入下一季度之前先进行短期贷款和民间融资,就匆忙进入下一季度,这样会导致企业在下一季度不得不进行贴现。

进入下一年度,除了需要考虑企业在第一季度就需要归还的短期贷款和民间融资及利息外,还必须考虑年初的资金使用情况,比如税金的交付、广告费用的投放等资金的准备情况。

9. 资金计划注意点

在企业经营时只有做好资金计划才有可能降低企业的经营风险,提高企业的利润。除了在“进入下一季度注意点”中说的贷款预算,在如下操作上也要注意:

企业贷款真的比贴现更合理么?很多经营者在经营企业的时候,如果缺乏资金,一般就先进行短期贷款,如果短期贷款额度没了,就民间融资,实在不行,就去贴现。这是因为贴现操作是直接降低企业所有者权益的。然而企业只要短期贷款和民间融资在第六年关账前归还,企业同样要交付相应的贷款利息,这同样增加了企业的财务成本。如果企业本季度刚好差6M以内的资金,而且企业在之后的4个季度中并不缺乏资金(需要注意4个季度后,沙盘仍在继续经营,否则这样会导致企业得分、权益下降),此时企业可以通过贴现来套取资金。贴现相当于企业付出了1M的财务成本,而其他途径的贷款成本均不少于1M。当然如果贴现操作会使得企业本年度关账时权益刚好少于某个整数,从而降低企业的贷款额度,企业也可能不会通过贴现来获得现金。

资金计划还要注意对各种账期的合理运用。在经营过程中,企业交货并不能马上获得全部现金,同样企业进行原材料的定购,也不是全部需要马上交付费用。在经营过程中,尽量让应付款的账期长于应收款的账期,并使得应付款的额度低于应收款,这样企业可以减少贷款操作,从而降低企业的财务费用。

资金计划同样要考虑企业的长远发展。在企业进行产品研发、生产线建设等投资工作前,企业要事先做好资金计划,判断如果要从这些项目中获得利润,企业后继的投资要多少,比如后继的产品研发费用、生产线的更新费用、厂房的租赁费用或购买费用、包括对新产品市场的竞争激烈程度的判断等。企业应该做一个至少时长一年的资金计划,用于判断企业会不会因为缺乏资金而导致后续工作不能继续,从而浪费企业资源。

10. 厂房规划注意点

企业在建设生产线的时候就要考虑到厂房的规划。在自有 A 厂房尚能建设生产线时,尽量不要去 B 厂房或 C 厂房建设新的生产线,因为一旦在新厂房建设了生产线,如果到年底该生产线尚在,企业就要租赁或者购买该厂房。

一般企业要经营时需要建设新的生产线,但是如果 A 厂房没有多余的空间,此时企业需要根据建设的生产线数量决定将生产线建设在哪个厂房。如果只需要建设一条生产线,那么 C 厂房刚刚可以满足。但是 C 厂房仅能建设一条生产线,企业如果在后继需要建设新的生产线,将受到较大的限制。如果企业有足够的资金,并且企业计划不会仅仅建设一条生产线,那么企业可以在 B 厂房建设生产线。尽管这样做当年的租金要多付 1M(B 厂房比 C 厂房的租金多 1M,也可以直接购买),但是企业可以随时在 B 厂房增加新的生产线,从而便于企业的长远发展。

在经营过程中企业是购买厂房还是租赁厂房呢?如果企业通过长期贷款来购买厂房,那么企业需要每年支付 10% 的贷款利息。而 B 厂房的购买需要 24M,即表示企业每年需要支付 2.4M 的利息。如果企业通过租赁的方式获得 B 厂房,那么企业需要每年支付 3M 的租赁费用。所以如果企业有资金或者贷款额度,并且贷款后不影响企业的后继经营,那么购买厂房的效益高于租赁。

11. ISO 认证和市场开拓注意点

企业在经营到市场开拓和 ISO 认证时,可以通过沙盘系统查询一下企业当前的所有者权益。分析一下企业现有的所有者权益,并计算在进行市场开拓和 ISO 认证后,企业的所有者权益是多少。特别是当全部开拓后,如果企业下一年度的贷款额度刚好减少 20M,那么此时就可以分析一下企业有没有可能避免这种情况的发生。具体如下:

(1) 开拓前必须先查看企业的权益

企业每次经营到每年年末的 ISO 认证和市场开拓时,均有必要先核实企业的所有者权益,具体方法可以通过在沙盘盘面右上角的“经营分析”中的“损益表/资产负债表”中查看。同时应该计算:如果企业按计划进行相应的ISO认证和市场开拓,企业年末关账时的权益是多少?经营者可以确定企业会不会因为ISO认证和市场开拓而导致企业在关账后,下一年度企业的贷款额度刚好减少20M。解决的办法是:在实际经营过程中,部分ISO认证和市场开拓可以稍微推迟一下。

(2) ISO并不一定需要完全按时认证

ISO认证的必要性在于企业在竞单时,有部分订单需要企业在具有相应的ISO认证之后才可以获得。在实际经营过程中,如果每到年末均按时进行ISO认证工作,企业将在第3年就可以接受ISO 9000的订单,在第5年就可以接受ISO 14000的订单。但实际情况是市场需求在第4年才出现对ISO 9000有需求的订单,而对ISO 14000在第5年就出现需求。因此如果需要在第5年选择ISO 140000的订单,企业必须每年按时对ISO 14000进行认证,而ISO 9000则可以推迟一年进行认证。

在实际经营过程中,ISO 9000在第4年的订单情况如下:

P1产品在亚洲市场有两个订单:4个单价为4.5M的订单和2个单价为5M的订单,这个价格在P1产品第5年的需求订单中利润情况一般,亚洲市场如果去除这两个ISO 9000的订单,平均毛利润只有3.8M,基本可以放弃。

P2产品在区域市场有两个订单:4个单价为7.5M的订单和2个单价为7.5M的订单,在亚洲市场只有一个订单:4个单价为7M的订单,如果企业P2产品的产能并不高,可以放弃这两个市场。

P3产品在本地有一个订单:3个单价为9M的订单,在亚洲市场有一个订单:2个单价为10M的订单,企业没法拒绝这两个订单。

如果企业在第4年没有P3产品的产能,并且P2产品的产能不高,那么ISO 9000的研发工作可以在第4年结束,即该认证可以推迟两年进行。

(3) 市场并不一定需要完全按时开拓

每个企业只有开拓了相关的市场,才可以在相应的市场进行产品的销售。那么是不是企业需要按部就班地对所有的市场进行开拓呢?下面以企业的产品策略是P1 + P4的产品组合为例进行分析。

P1产品在10组竞争模式情况下的需求分析见表12-28。

表 12-28　10 组模式下 P1 产品各市场单个产品毛利润

年份	本地		区域		国内		亚洲		国际		总计
	数量	单利润	数量	单利润	数量	单利润	数量	单利润	数量	单利润	
1	35	2.98									174
2	31	2.68	11	2.64							196
3	30	2.77	7	2.71	23	2.91					289
4	28	2.57	6	2.83	22	2.27	24	2.04			348
5	18	2	6	3	16	1.94	17	1.65	30	3.53	393
6	13	1.69	6	3	11	1.73	14	1.36	25	3.84	312

通过该表,可以看到:

区域市场在第 2 年就有需求,但是需求的数量较少,且相对利润较低,直至第 4 年,区域市场的利润才相对较高,所以如果市场上 P1 产品的竞争对手不多,企业可以推迟两年开拓区域市场。

亚洲市场在第 4 年及以后均有需求,但是利润不高。如果企业资金不足,可以放弃开拓亚洲市场。

同样,P4 产品在 10 组竞争模式情况下的需求分析见表 12-29。

表 12-29　10 组模式下 P4 产品各市场单个产品毛利润

年份	本地		区域		国内		亚洲		国际		总计销售额
	数量	单利润	数量	单利润	数量	单利润	数量	单利润	数量	单利润	
4			7	3.14							57
5	8	3.75	8	3.75	5	3.4	6	4.5			239
6	12	3.83	11	4.64	7	4	10	5.2			377

通过该表,可以看到:

区域市场在第 4 年才有需求,如果是仅仅针对 P4 产品,企业可以推迟两年开拓区域市场。

国内市场在第 5 年才有需求,如果是仅仅针对 P4 产品,企业可以推迟两年开拓国内市场。

亚洲市场在第 5 年才有需求,如果是仅仅针对 P4 产品,企业可以推迟一年开拓亚洲市场。

国际市场一直没有需求，如果是仅仅针对 P4 产品，企业可以不开拓国际市场。

结合以上分析：企业的策略是 P1 + P4 的产品组合，在市场开拓方面，区域市场可以推迟两年、亚洲可以推迟一年进行开拓。

如果企业的策略是 P1 + P3 的产品组合，同样的方法进行分析，区域市场可以推迟一年再研发。

12. 关账前的注意点

企业一旦进行关账操作，那么就不能在本年度对企业有任何操作，此时只能等待进入下一年再进行操作。如果这时发现企业在下一年有资金等方面的问题，也无法进行操作，所以在关账前企业至少要做到以下几点：

(1) 下一年的产能计算

企业关账前首先应关注企业的产品研发情况，确定下一年在哪个季度能正常地生产哪种产品，从而确保企业产能计算的正确性。

企业关账前应核实原材料到货情况，R1 和 R2 原材料在预定后一个季度就能到货，R3 和 R4 原材料在预定后两个季度才能到货。在核实的时候，企业一定要确定柔性生产线是否进行转产，原材料的到货情况是否会影响企业的正常生产。

企业关账前一定要计算好下一年的产能情况，从而便于企业规划好下一年的广告费用预算。在计算企业产能时，一定要核实产品的研发情况、原材料的到货情况、产品库存情况、企业已有的订单情况及柔性生产线可能转产的情况。

(2) 下一年的资金预算

企业在进行下一年资金预算时，一定要统计好企业下一年的应交税、广告费用预算、第 1 季度的短期贷款的还款值及利息、第 1 季度的民间融资还款值及利息。这些费用企业在进入下一年后就要支出，如果不能支付，企业只有贴现，如果没有相应的应收款进行贴现，企业会倒闭。

除此之外，企业也可以预测好接下来 4 个季度的资金预算，特别是生产线、厂房建设这类需要大量的资金的投资，通过预测来判断企业是否需要进行长期贷款等操作。

(3) 企业机密的保护

在经营关账前，企业的很多信息均在盘面上展示。当在进行到关账前的操作时,可以打开沙盘的"资产负债表"来遮挡沙盘的盘,或者将沙盘最小化,从而保护企业的机密。

（四）沙盘经营后的注意点分析

1. 企业目标达成情况分析及新目标的制定

在企业关账后有必要举行一次团队会议,主要分析今年年初制订的计划,分析企业目标的达成情况。

同时应根据企业的现状和今年市场的竞争情况,做好下一年目标的计划。

2. 经营问题分析及防范措施

在企业经营过程中,团队成员可能会面临一些问题,现在企业关账了,正好有一段相对空闲的时间,此时团队成员应该一起分析下在经营过程中的问题。比如广告策略的制定、竞单时订单的选择情况、原材料的计算及预定、生产线的建设等操作中存在的问题。一定要分析这些问题是团队成员没有能力完成还是失误造成的。

同时团队成员应该拿出防范措施来避免问题的再次出现。比如产能的计算,如果团队成员经常计算错误,此时可以安排另一位成员同时进行相应的产能计算,并在计算后进行核对。如果两人计算的结果不同,可以分析是哪里计算得不一样,到底哪里错误了。通过这样的方法,可以提高团队成员的能力。

在沙盘经营过程中,一些关键的操作部分,团队均应该安排专人进行负责,这样可以避免操盘手因失误导致企业产生不必要的损失。

3. 团队成员能力分析及调整方法

在沙盘经营过程中,可能会发现某些成员在某些方面能力更强,从而可以调整成员的工作职责。比如在企业第0年的预经营过程中,如果发现某个成员计算能力较强且比较细心,可以安排他从事财务总监或生产总监的工作。而这样的调整,在每年的年末均有可能发生。

4. 各组经营数据的统计

在每年年末关账后,裁判均会公布各组经营后的权益和得分,此时应该记录好这些数据并进行分析。在订单相对较少的前几年,可以利用公布的各组权益值,分析竞争对手产品的研发情况。在经营的后面几年,可以利用权益和得分的关系,分析竞争对手的产品研发、生产线的建设、市场开拓和ISO认证等情况。

(五) 企业经营的反思与总结

通过"任务十二　企业模拟经营中常见的注意点"的学习,请大家交流一下:

① 本次学习最重要的内容是什么?

② 为什么觉得很重要?

③ 在企业模拟经营时,如何应用这些重要的内容?

第三部分

评价部分

任务十三　沙盘运行工作总结

能力（技能）目标

1. 能够较合理地分析沙盘经营过程中的得失。

2. 能够较好地总结沙盘经营过程中的注意点。

3. 能够分析沙盘的经营效果，如广告效益、综合费用分摊、资金周转率、资产报酬率、权益报酬率等相关评价标准。

知识目标

1. 能进行广告效益的计算。

2. 能进行资金周转率的计算。

3. 能进行资产报酬率的计算。

4. 能进行权益报酬率的计算。

情景简介

企业经营 6 年关账后，沙盘软件已经给出了相应的得分，通过得分可以判断企业的经营情况。但是得分并不是评价企业经营效益的唯一标准，在评价企业时，还有一些评价企业经营情况的标准，比如广告效益、综合费用分摊、资金周转率、资产报酬率、权益报酬率等相关评价标准，通过这些标准可以更准确地判断企业的经营状况。

任务分解

1. 平台中的数据分析。
2. 总结经营企业经营管理沙盘中的得失。
3. 总结经营企业经营管理沙盘中的注意点。
4. 企业经营管理沙盘经营状况多元化的评价标准。

任务要求

各经营小组能根据企业模拟经营的效果进行分析，并总结出本企业在经营过程中的得失和注意点。同时能根据广告效益、综合费用分摊、资金周转率、资产报酬率、权益报酬率等计算方法，对本企业的经营状况进行更进一步的分析。

建议教学方法

教师讲授、示范；学生分组学习；学生模拟经营沙盘并进行相应的操作。

建议课时

2学时。

一、实训目的及内容

在经营的过程中，不乏部分经营不善的企业，这些企业其实已经破产了。为了能继续经营下去，股东给它们追加了投资，这在现实社会中是比较少见的。如何通过软件平台的数据来进行分析呢？这些可以根据教师端的数据平台进行分析。

同时可以通过经营者的阶段总结和分析，提高大家的经营能力水平。

为了更好地结合实际情况，本书引入了现实企业经营过程中的一些评价标准，通过对这些标准的学习，可以进一步分析企业在哪些方面做得不足，从而更合理地对模拟企业进行经营。

二、实训步骤

（一）平台经营数据分析

1. 各组经营数据统计

通过教师端的控制平台，单击“经营分析”，打开“各组经营数据统计”表格。具体如图 13-1 所示。

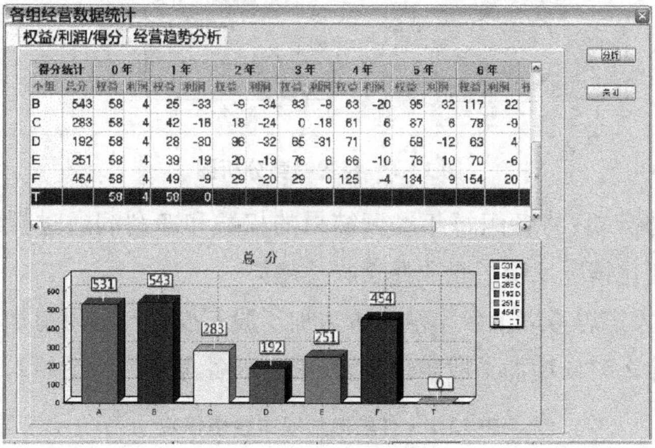

图 13-1　各组经营数据统计图

此数据主要统计了每个企业每年经营时的权益、利润和得分情况。其中权益是企业每年经营关账时的所有者权益，利润是每年经营后的净利润，得分是通过沙盘软件按得分规则自动进行计算的。正常情况下，表格中企业前一年的权益 + 今年的利润 = 今年的权益。如果不符合此计算公式，则说明企业进行了追加股东投资的操作。

2. 各组经营数据的分析

在分析企业经营情况时，可以通过利润、得分情况、成长方向、资产价值等来评价一个企业的整体收益情况。一个企业的得分越高，说明企业经营得越好、成长潜力会越大、企业的资产价值不会不断地上涨。

单击“经营趋势分析”，如图 13-2 所示。

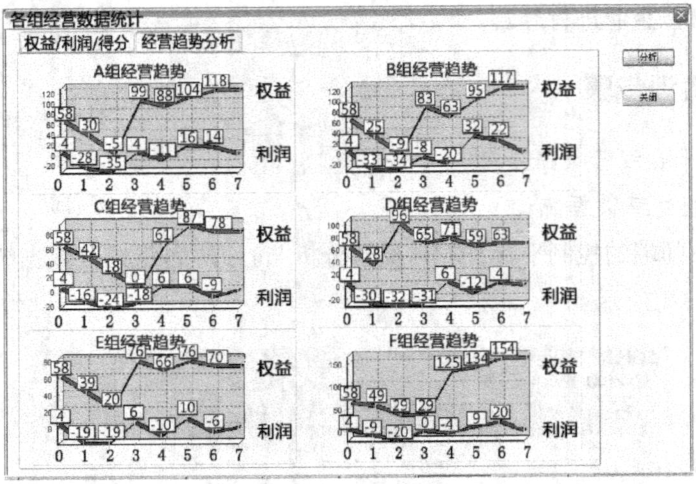

图 13-2　经营趋势分析图

经营趋势分析:将各组每年经营结果的权益和净利润通过折线进行描述。通过折线的变化情况反映了企业经营收益趋势。

提醒:请大家思考以上各小组是否追加了股东投资?如果追加了股东投资,请问小组在什么时候增加了股东投资,投资金额各是多少?请填入表13-1。

表 13-1　各组追加股东投资情况

小组名称	追加股东投资	
	时间	金额

注意:股东追加投资是在教学活动中的无奈之举,是为了让小组成员继续训练才追加股东投资,实际情况是股东在面对经营不善的企业时,根本不会追加投资,企业只有破产。

以A组为例进行分析,先统计A组每年的利润和关账时的权益,具体见表13-2。

表 13-2　A 组每年的利润和权益表

经营年份	当年利润	当年权益
第 0 年	4	58
第 1 年	-28	30
第 2 年	-35	-5
第 3 年	4	99
第 4 年	-11	88
第 5 年	16	104
第 6 年	14	118

第 1 年接手企业的时候，企业的所有者权益是 58M。第 1 年经营当年的利润是 -28M，所以企业第 1 年关账的权益是 58M - 28M = 30M，符合表 13-2 给出的数据，证明第 1 年企业没有追加股东投资。

同理进行第 2 年的数据分析，企业也没有追加股东投资。

第 3 年接手企业的时候，企业的所有者权益是 -5M。第 3 年经营当年的利润是 4M，所以企业第 1 年关账的权益是 -5M + 4M = -1M，但是表 13-2 给出的数据中 A 企业当年关账时的权益是 99M，证明第 3 年企业追加了股东投资：99M - (-1M) = 100M。所以 A 企业在第 3 年追加股东投资 100M。

同理进行第 4 年、第 5 年、第 6 年的数据分析，企业没有追加股东投资。

总结 A 企业的 6 年经营情况：团队在接手企业时的所有者权益是 58M，经营过程中追加了 100M，所以团队成员在第 6 年关账时的权益应该不少于 58M + 100M = 158M，这样才算团队盈利，实际情况是最终成果为 118M，118M - 158M = -40M。这表明团队经营不善，损失了 40M。

（二）总结经营企业经营管理沙盘中的得失

请各小组 CEO 组织大家总结沙盘经营过程中的得失。大家可以尝试从以下角度进行分析（分析至少包括以下内容，但不限于以下内容）：

① 总裁对小组队伍的领导和激励是否有效？

② 营销总监是否能够充分分析市场竞争对手的状况，并结合企业的自身情况进行了广告策略的制定？

③ 生产总监是否保证了原材料的预定工作正常进行，并能按要求进行企业生产线的操作完成相应的生产工作？

④ 财务总监是否进行了资金的预算,并通过对手权益来分析了竞争对手?

⑤ 小组是否在沙盘经营的关键节点进行了“一岗多人”的操作策略来避免企业发生不必要的损失?

⑥ 企业在经营过程中,有没有什么错误是“一而再、再而三”的发生,有没有思考如何避免这些错误再次发生?

(三) 总结经营企业经营管理沙盘中的注意点

请各小组CEO组织大家总结沙盘经营过程中的注意点。大家可以尝试从以下角度进行分析(分析至少包括以下内容,但不限于以下内容):

① 企业在弥补前5年亏损后,仍有盈利,后一年需要交税,应交税的计算是否正确?是否影响了广告策略的制定或短期贷款的归还?

② 广告策略的制定是否存在投放不足,导致产品销售不出去?或者广告制定有误,投放的区域不对,导致企业利润的减少?或者广告输入错误,本来应该投放到P3产品的,结果投放到P2产品上了?

③ 竞单的时候,是否存在选择订单不符合产能的要求?竞单有没有考虑到利润的最大化?竞单有没有考虑到留给竞争对手要求更高的订单?有没有充分利用竞单分析竞争对手的产品策略、广告费用的投放额度、产能等?

④ 短期贷款归还时,有没有出现现金流不够,但是其实自己还有贷款额度,只是之前一个季度没有做好资金规划,没有预先进行贷款?

⑤ 原材料的预定是否准确,是否有多余的库存?原材料的提前预定有没有错误,特别是如果有柔性线,又有可能生产P3和P4产品,那么在前一年的第3季度,有没有充分预定R3和R4原材料?有没有考虑原材料的付款账期,从而降低企业的成本?

⑥ 产品研发后有没有充分生产?

⑦ 生产线的建设是不是符合企业的资金规划?生产线建设后是不是马上就可以生产?全自动或柔性生产线是不是在第1季度开始建设的,从而降低折旧次数?

⑧ 开始新的生产前,有没有对柔性生产线进行转产,从而保证产品不违约?

⑨ 在交货的时候有没有存在违约的情况?如何避免?

⑩ 有没有在市场开拓和ISO认证前,分析企业的所有者权益,从而避免企业在下一年贷款额度的减少?

（四）企业经营管理沙盘经营状况多元化的评价标准

1. 营销成本分摊

计算公式：营销成本分摊 = 每组从第 0 年到分析年的广告投入总额 ÷ 每组从第 0 年到分析年的销售收入总额 × 100%

在企业经营管理沙盘中广告成本分摊，营销成本分摊越低，表示单个产品的营销成本分摊越低，即单位营销费用销售的产品越多，企业获得的利润越高。

2. 综合费用分摊

计算公式：综合费用分摊 = 每组从第 0 年到分析年的综合费用总额 ÷ 每组从第 0 年到分析年的销售收入总额 × 100%

综合费用包括行政管理费、广告费、设备维护费、厂房租金、生产线变更费、市场准入开拓、ISO 资格认证、产品研发成本。综合费用分摊越低，说明企业经营效率越高，企业花费更少的钱，获取了更多的利润。

3. 资产负债率

计算公式：资产负债率 =（负债总额 ÷ 资产总额）× 100%

资产负债率是全部负债总额除以全部资产总额的百分比，也就是负债总额与资产总额的比例关系，也称之为债务比率。资产负债率是衡量企业负债水平及风险程度的重要标志。一般认为，资产负债率的适宜水平是 40% ~60%。对于经营风险比较高的企业，为减少财务风险，应选择较低的资产负债率。在沙盘经营过程中，很多企业资产负债率远远高于该值，一旦经营发生失误，就会造成企业破产。

4. 资金周转率

计算公式：资金周转率 = 销售收入总额 ÷ 资产总额 × 100%

这里也称为总资产周转率，是指企业一定时期销售（营业）收入净额同资产总额的比值。总资产周转率是综合评价企业全部资产经营质量和利用效率的重要指标。

总资产周转率综合反映了企业整体资产的营运能力，一般来说，周转次数越多或周转天数越少，表明其周转速度越快，营运能力也就越大。企业可以通过薄利多销的办法，加速资产的周转，带来利润绝对额的增加。

5. 净利润率

计算公式：净利润率 = 净利润 ÷ 销售收入总额 × 100%

表示企业销售收入中真正获得利润的比例。

6. 资产报酬率

计算公式:资产报酬率=净利润÷资产总额×100%

表示企业使用现有总资产获得净利润的能力。

资产报酬率=净利润÷资产总额×100%=(净利润÷销售收入总额)×(销售收入总额÷资产总额)×100%=净利润率×总资产周转率×100%

表示资金周转越快,企业销售收入中真正获得利润的比例越高,企业资产报酬率越高。

7. 权益报酬率

计算公式:权益报酬率=净利润÷企业所有者权益×100%

表示企业利用自有资金获得利润的能力。

权益报酬率=净利润÷企业所有者权益×100%=(净利润÷资产总额)×资产总额÷企业所有者权益×100%=资产报酬率×资产总额÷企业所有者权益×100%=资产报酬率×资产总额÷(资产总额-企业总负债)×100%=资产报酬率×1÷(1-企业总负债÷资产总额)×100%=资产报酬率×1÷(1-负债÷总资产)×100%=资产报酬率×1÷(1-资产负债率)=资产报酬率×权益乘子,其中权益乘子=1÷(1-资产负债率)

因此,权益报酬率就可以通过企业的销售额、总成本费用、流动资产、固定资产、长期负债、短期负债计算出来(见图13-3)。

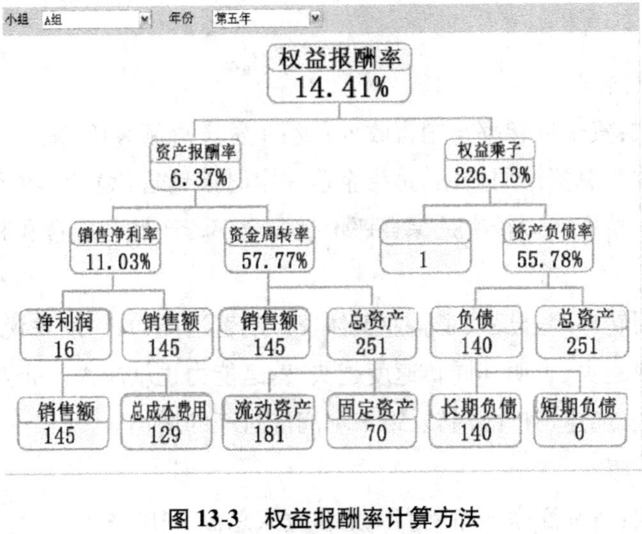

图13-3 权益报酬率计算方法

8. 资金流动性

资金流动性主要包括流动比和速动比两个方面。

(1) 流动比率

流动资产(Current Assets)是指企业可以在一年或者超过一年的一个营业周期内变现或者运用的资产,是企业资产中必不可少的组成部分。流动资产在周转过渡中,从货币形态开始,依次改变其形态,最后又回到货币形态(货币资金→储备资金、固定资金→生产资金→成品资金→货币资金),各种形态的资金与生产流通紧密相结合,周转速度快,变现能力强。在沙盘中即现金+应收款+在制品+成品+原料。

流动负债即短期负债,是指将在1年(含1年)或者超过1年的一个营业周期内偿还的债务,包括短期借款、应付票据、应付账款、预收账款、应付工资、应付福利费、应付股利、应交税金、其他暂收应付款项、预提费用和一年内到期的长期借款等。在沙盘中即短期贷款值+民间融资值+应付款+应交税。

流动比率CR:表示企业流动负债中有多少流动资产作为偿还的保证,反映企业可用在一年内变现的流动资产偿还流动负债的能力。

计算公式:流动比率=流动资产÷流动负债

该指标值越大,企业短期偿债能力越强,企业因无法偿还到期的流动负债而产生的财务风险越小。但是,该指标过高则表示企业流动资产占用过多,可能降低资金的获利能力。

(2) 速动比率

速动资产可以迅速转换成为现金或已属于现金形式的资产,计算方法为流动资产减去变现能力较差且不稳定的存货、预付账款、一年内到期的非流动资产和其他流动资产等之后的余额。也就是说,存货、预付账款、一年内到期的非流动资产和其他流动资产不属于速动资产。速动资产包括货币资金、应收账款、应收票据等。在沙盘中即现金和应收款。

速动比率QR:是指速动资产总额与流动负债总额的比率,它是衡量企业流动资产中可以立即变现用于偿还流动负债的能力。

计算公式:速动比率=(速动资产÷流动负债)=(流动资产-在制品-产成品-原材料)÷流动负债=(现金+应收款)÷流动负债

速动比率的高低能直接反映企业短期偿债能力的强弱，它是对流动比率的补充，并且比流动比率反映得更加直观可信。如果流动比率较高，但流动资产的流动性却很低，则企业的短期偿债能力仍然不高。在流动资产中有价证券一般可以立刻在证券市场上出售，转化为现金，应收账款、应收票据、预付账款等项目，可以在短时期内变现，而存货、在制品原材料等项目变现时间较长，特别是存货很可能发生积压、滞销、残次等情况，其流动性较差，因此流动比率较高的企业，并不一定偿还短期债务的能力很强，而速动比率就避免了这种情况的发生。速动比率一般应保持在100%以上。

（五）企业经营的反思与总结

通过企业沙盘经营多元化的评价指标，进一步评价企业的经营状况，同时结合企业在经营时的实际情况，反思经营团队成员的投入程度和学习态度。

参考文献

[1] 中教畅享(北京)科技有限公司.企业经营管理沙盘模拟系统规则,2009.

[2] 中教畅享(北京)科技有限公司.ITMC 企业经营管理沙盘模拟训练点评与夺冠指导,2010.

[3] 康元华,张军容.浅谈 ITMC 企管电子沙盘经营策略.沿海企业与科技,2010(07).

[4] 周婵.ITMC 企业管理沙盘产品结构的探讨.中国管理信息化,2011(15).